培训专员实操手册

张宏◎著

中国商业出版社

图书在版编目（CIP）数据
培训专员实操手册 / 张宏著. -- 北京 : 中国商业出版社, 2024. 8. -- ISBN 978-7-5208-3109-3
Ⅰ. C975-62
中国国家版本馆CIP数据核字第2024E136Y6号

责任编辑：许启民
策划编辑：武维胜

中国商业出版社出版发行
（www.zgsycb.com　100053　北京广安门内报国寺 1 号）
总编室：010-63180647　编辑室：010-83128926
发行部：010-83120835/8286
新华书店经销
北京厚诚则铭印刷科技有限公司印刷
*
710 毫米 ×1000 毫米　16 开　11.75 印张　215 千字
2024 年 8 月第 1 版　2024 年 8 月第 1 次印刷
定价：68.00 元
* * * *

前　言

曾经有人问我："为什么要做培训师？"回顾过去八年的职业生涯，现在可以毫不犹豫地回答："因为热爱。"我享受帮助他人成长带来的成就感，欣赏课堂上智慧碰撞的火花，沉浸不断打磨课程内容的过程。然而，从我步入这个行业开始，挑战就从未中断。

2016年，我从学校毕业，进入一家汽车金融公司担任培训专员。然而，由于组织结构调整，整个培训部门被砍掉，仅仅不到两个月的时间，我就失去了应届生的身份。在那段时间里，我只是做着与培训无关的"文员"工作，对培训的理解仍然模糊不清。随后，我加入了一家创业公司，独自负责培训业务。现在回想起来，当时可以说是在"豪赌"。这是一项巨大的挑战，我迫切地希望有一位培训行业的前辈能够指导我，告诉我：培训岗的工作任务有哪些？需要掌握哪些知识和技能？如何规划未来的职业发展路径？回想过去，正是出于那时的想法，笔者才写下了这本书。

在企业中，培训岗的职业发展路径通常是助理培训专员—培训专员—培训主管—培训经理—培训总监。这条路径要求我们既需要具备培训师开发课程、培训授课的能力，又需要具备项目经理（设计、运营培训项目）的能力，市面上的书籍基本上可以满足这些学习需求。然而，当我阅读这些书籍时，发现大多数都侧重于培训技术、引导技术、复盘技术等技能型知识，对于培训岗在企业中具体的岗位任务以及必备的知识和技能等描述甚少。这让我不禁更深入思考：是否有一本书，是基于培训的岗位任务而设计的指导手册，可以帮助培训人员更好地胜任这一岗位呢？

《培训专员实操手册》，如书名所示，最适合的读者就是在企业中担任培训专员的职员。它可以帮助厘清培训专员具体的岗位任务，例如编写培训通知、布置培训场地、准备培训物料等。同时，本书还着眼于培训师的"内外兼修"，不仅介绍了工具和技能，如思维导图、数据收集、课程开发模型、培训考核试题设计等，还介绍了培训相关的理论，如学习金字塔、ASK模型、建构主义学习理论等。此外，本书也适合培训主管和培训经理阅读，他们可以结合实际工作场景更好地指导下属。当然，也欢迎对培训感兴趣并希望踏入培训行业的人士阅读本书，共同揭开培训岗位的神秘面纱。

本书共分为三大篇:“场景篇”“外功篇”和“内功篇”。

“场景篇”描述了培训专员在企业中承担的三种常见角色：项目助理、培训师助理和候选培训师。在本篇章中，笔者将详细描述每个角色应完成的岗位任务。为了使本书更具有实践意义，针对每个岗位任务，笔者还会提供可操作的表格作为参考。

在“第一章　岗位基本角色——项目助理”中，项目助理的岗位任务有编写培训通知、布置培训场地、准备培训物料等。例如，在跟进培训项目时应该拍摄哪些培训照片（如签到台、培训室、教学活动、培训师等）以及应该采用何种角度拍摄照片？（如 45° 侧拍、近景、远景等）

在“第二章　岗位核心角色——培训师助理”中，培训师助理的岗位任务包括旁听培训授课、撰写培训总结、担任培训助教。例如，笔者会探讨如何通过协助培训师进行课前、课中和课后的各种工作，从而有效提高培训的效果和质量。

在“第三章　岗位进阶角色——候选培训师”中，候选培训师的岗位任务有调研培训需求和体验培训授课。例如，笔者将介绍如何使用问卷法和访谈法进行有效的培训需求调研。

“外功篇”涵盖了培训专员必须掌握的工具和技能。本篇所提及的工具，不仅针对培训从业人员，而且对任何在职场工作的人士同样适用。

在“第四章　通用技能——迈向成功的关键之路”中，笔者将介绍每个工具的来源、在企业中的使用场景以及具体的学习路径，同时会明确每种工具需要达到的熟练程度，以便读者更好地评估自己目前的学习水平。例如，学习思维导图软件后，如果读者能独立制作思维导图，说明已经掌握了该工具的基本用法，能够满足培训岗位的工作需求。

在“第五章　专业技能——职业培训人的必备之道”中，笔者将分享过去八年的实践经验，并提供标准化的流程和步骤，希望能对读者有所帮助。例如，讲授了“培训演绎技巧：基于实战经验的讲台呈现技巧”等，本篇提供的方法经过实践检验，着实有效，但方法不是捷径，需要各位读者阅读本书后加以实践，方能内化。

“内功篇”介绍了培训专员需要掌握的各种理论知识。这些知识不仅能为读者的培训之路打下坚实基础，还可以在个人成长过程中通过实践应用，提高学习效率和培训水平。

在“第六章　高效记忆理论”中，笔者将分享如何提高学习效率。例如，章节“艾宾浩斯遗忘曲线：阶段性复习，防止内容遗忘”将解答“为何我们学习一个知识点后很容易忘记”的问题。遗忘曲线告诉我们，遗忘会立即开始，并呈现出先快后慢的趋势。基于这一规律，我们可以及时调整复习节奏，加深记忆印象，提高学习效率。笔者还将提供基于“艾宾浩斯遗忘曲线”规律的学习设计表供读者参考。

在“第七章　培训实践理论”中，笔者将分享培训行业常见的知识点。例如，培训效果是每一位培训从业人士都关注的课题，除了常见的满意度调研表和培训试题，还有其他方式可以检核培训效果吗？等等。

在“第八章　学习发展理论”中，笔者将分享教育学、教育心理学的相关知识点，这一章的内容是教会我们“知其然，知其所以然”，我们不仅要会培训，也要懂得为什么要这样培训。例如，“成人学习理论”揭示成年人会对外部激励因素（更好的工作、升职、更高的薪水及诸如此类的因素）产生回应，但最强有力的激励因素为内在的压力（对提高工作满意度的渴求、自尊、生活质量等因素）。

笔者从 2022 年开始就有著书的想法，经过深思熟虑后决定结合笔者的工作经历，从培训专员入手。于 2023 年 2 月，着手撰写本书。本书在编写过程中，参考了大量的中外学者有关教育学、教育心理学、人力资源管理、企业管理、培训相关的著作，引用了其中的研究成果，主要来源已在参考文献中列出，如有遗漏，恳请原谅。同时，对这些专家和学者表示衷心的感谢。由于笔者经验和学识所限，加上时间仓促，书中谬误之处在所难免，恳请专家和读者指正。

作为笔者的第一本作品，这确实是一项不易完成的任务。感谢周珂馨、黄泽勋、黄艳莉、黄鑫、路会、李熙媛、王晓婧、吴丽红、刘佳、肖蔓竹、汪芷莹老师在阅读本书时所提供的建议。最后笔者要感谢正在阅读本书的您，感谢渴望成长的您。祝愿您在职场中取得更多的成就和成功！

张宏

2024 年 1 月 1 日星期一

目 录

第一篇　场景篇

探索企业培训现场

解密培训专员角色

第一章 岗位基本角色——项目助理

一、编写培训通知：实用模板，“5W1H”模型的基础应用

培训是提升员工能力和素质的重要途径。无论是内部培训还是邀请外部讲师，都需要通过培训通知向员工传达培训的时间、地点、主题等重要信息。编写培训通知是培训从业人员必备的技能之一，其中“5W1H”模型是一个有效的指导工具，能够确保学员获取以下关键信息。

（1）Who（谁）。明确主讲老师的身份和相关经验，以及参训学员的身份。如果可能，提供具体的学员名单。

（2）When（何时）。清晰标明培训时间，最好附带时间安排表。

（3）Where（何地）。准确指示培训地点，最好提供详细地址或定位信息。

（4）What（何事）。详细列出培训内容，最好附带课程表。

（5）Why（为何）。阐述培训的价值和收获，解释为何参加这场培训以及可能带来的收获。

（6）How（如何）。描述培训的具体方式，是否需要准备资料，以及有关食宿等方面的安排。

结合上述“5W1H”模型和笔者的实践经验，一个完整的培训通知应该包括以下关键信息。

1. 人员信息

（1）培训师简介

突出与课程相关的经验和资质，避免出现无关信息，确保培训师的背景与课程相符。例如，当讲授课程“非人力资源经理的人力资源管理”时，培训师简介可以突出的信息有人力资源硕士或博士学位、国家人力资源管理师、多年人力资源实战经验等，而不应包含无关信息，如一级建造师、初级会计师等。

（2）参训学员名单

常见的信息维度有组别、部门、职位、姓名、性别、入职年限等。根据实际情况，可适当添加其他信息维度。例如，当讲授管理类课程时，可以添加管理岗从业时间。

2. 课程信息

（1）培训价值

培训的价值在于提高员工的工作能力和绩效、促进个人成长和职业发展、提升企业形象和竞争力、增加员工满意度和降低员工离职率等。需要注意的是，培训通知的阅读对象可能有培训师、管理者、学员上级等。其中培训师是课程的载体，需要知道什么时间在哪里上什么课，这个哪怕没有培训通知，在前期的沟通中已经是确定了的。管理者一般是学员的上级，其期待的价值和学员的价值在一定程度上是对等的，但也会有所不同，比如管理者更期待培训给企业带来的变化，给业绩带来的增长。

基于培训通知的主要对象是学员，管理者的期待应该体现在培训项目宣贯会上，而不是在培训通知上。因此在培训通知中应当阐述的培训价值要与学员建立联系，强调参与培训可能带来的变化，即“通过参加本次培训，对学员的工作或未来的生活将产生什么样的影响”。

（2）课程简介

简洁明了地介绍课程，包括课程背景、课程目标、课程内容等，突出解决实际问题的能力。例如，“目标管理”是一门旨在帮助个人和组织有效实现其愿景和使命的关键管理课程。这门课程旨在向学员传授目标管理的核心原则、技巧和最佳实践，使他们能够设定明确的目标、制订可行的计划，并持续追踪与评估他们的进展。目标管理不仅有助于提高学员的工作效率，还能够提升其生活质量，使其更加有动力地追求个人和职业成就。

（3）课程表

课程表是一项至关重要的工具，它以清晰、有序的方式呈现了整个培训活动的时间线，包括每个课程的时间段、休息时间以及用餐时间。不仅有助于培训师精确控制课程进度，还能够帮助学员更好地规划自己的时间。

3. 其他信息

（1）培训时间 / 地点

详细的培训地址应该包括道路名称、建筑物号码和城市等信息，确保学员们能够轻松地找到培训场所。考虑到学员可能来自不同的地方，提供一份简明扼要的交通指引可以大大减轻他们的路程规划负担。这些指引可以包括最近的公共交通站点（如地铁、公交车站）、驾车导航建议、停车场信息以及步行路线，甚至可以搭配地图或在线地图链接。特殊情况下，可以考虑提供联系方式，以便学员在需要时能够咨询有关交通和抵达的问题。此外，通知中还可以附带培训当日及前后几天的天气情况，方便学员提前规划。

（2）食宿安排

关于餐饮安排，通知中应详细说明每餐的时间、地点和提供的餐饮类型，包括早、中、晚餐以及中间的茶歇或小吃。如果有特殊的饮食需求或过敏反应，通知中也应提供相关联系信息，以提前做好准备。关于住宿安排，如果培训项目包含了住宿部分，通知中需要提供酒店名称、详细地址以及抵达酒店的交通方式等信息。如果培训项目中并不包含住宿部分，就需要学员自行预订酒店，通知中应提供一些建议，例如附近的酒店选择、价格范围和预订途径。这可以为学员提供指导，帮助其找到合适的住宿场所。

4. 培训通知示例

“铸剑行动，赋能新生”

第一期市场淬炼营培训通知

各位伙伴：

为加强市场人员实战能力，凝聚团队力量，提高业务精英培训能力，更好赋能一线业务，为 2023 年店长训练营的开展打下坚实基础。经 ×× 公司领导研究决定，特组织“铸剑行动，赋能新生”第一期市场淬炼营培训。

本次淬炼营以店长训练营为基础，邀请集团培训师讲授店长训练营相关课程，各区域参训伙伴应完成培训时长并达到转训的标准，后续区域开展店长训练营，各业务伙伴将承担主讲角色。

本次培训活动将进行全程录制，以方便大家使用。现将有关信息通知如下。

一、培训时间

授课时间：8 月 21 日 09 ：00—8 月 22 日 12 ：00。

报到时间：8 月 21 日 08 ：30。

二、培训地点

×××× 酒店。

具体地址：×× 市 ×× 区 ×× 街道 ×× 路 ×× 号

三、培训议程

市场淬炼营第一期日程安排			
日期	时间	项目	负责人
8 月 21 日	8 ：30-9 ：00	签到	××
8 月 21 日	9 ：00-9 ：15	淬炼营启动仪式	××
8 月 21 日	9 ：15-12 ：00	《专卖店运营日常》	××
8 月 21 日	12 ：00-13 ：00	午餐	
8 月 21 日	13 ：00-15 ：00	《商务礼仪》	××
8 月 21 日	15 ：00-17 ：00	《终端演示与物料道具使用》	××
8 月 22 日	8 ：30-9 ：00	签到	××
8 月 22 日	9 ：00-12 ：00	《新媒体培训》	××
8 月 22 日	12 ：00-13 ：00	午餐	
8 月 22 日	13 ：00-16 ：00	《高效授课技巧》	××
8 月 22 日	16 ：00-17 ：00	通关考核与淬炼营结营颁奖	××
课程助教		王老师（180××××××××）	

四、课程简介

“高效授课技巧”课程旨在帮助学员提高授课效率和教学质量，掌握高效授课技巧。通过课程学习，能够更加深入地了解教学理论，掌握有效的教学方法和技巧，提高课堂互动和学员参与度，从而达到提高学员学习成绩和教学满意度的目的。课程设置将理论与实践相结合，通过案例分析、互动讨论和教学实践等多种形式，全方位提升授课水平。本课程适合各个阶段的培训师参加，无论是初任培训师还是资深培训师，都能从中受益匪浅。

五、培训师简介

张 ××（附加照片）

• 中级经济师

• CSTD 学习项目设计师

• AACTP 国际注册培训师

• AACTP 国际注册培训管理师

• 8 年专职培训经验，累计培训人次 2 万＋

• 开发过的课程类型：通用素质类课程、产品类课程、流程操作类课程、体系认证课程、微课程、steam 课程等

六、参训学员名单

淬炼营人员：由各区域负责人推荐，名单如下。

市场淬炼营第一期学员名单				
序号	区域	岗位名称	姓名	性别
1	广西	市场经理	××	男
2	福建	市场经理	××	女
……				

七、注意事项

（1）若因故不能按时参加培训者，请至少提前 7 天告知，否则视为旷课处理；若中途需离场不能继续参加培训者，需向在场工作人员请假并做好登记。

请携带笔记本电脑，有工装的请穿工装参加，请各位学员戴好口罩。

（2）学习采用积分制，现场会评选出优秀团队和个人，参训学员现场需交纳 100 元学习“对战金”，用于奖励优秀学员和优秀团队。

（3）21 日与 22 日天气情况：培训期间均有降雨，建议携带雨伞等防雨用具。

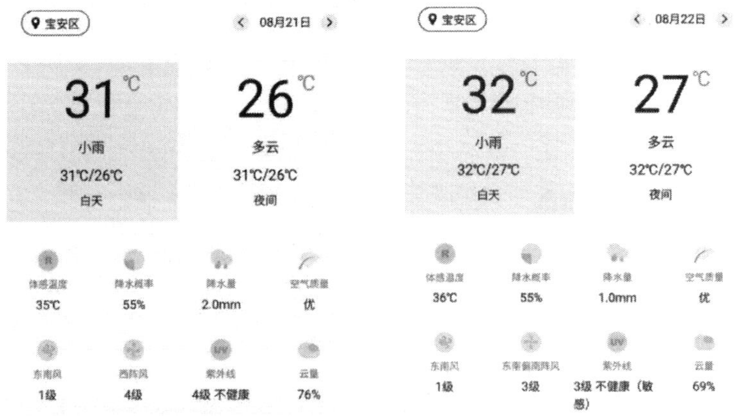

八、参考交通方式

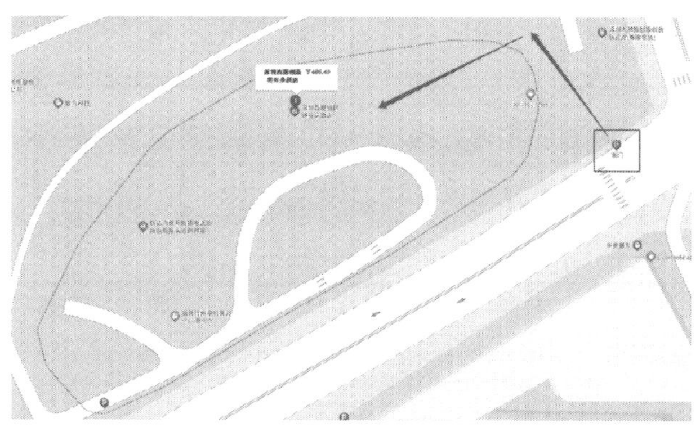

明细	深圳北站	深圳东站	深圳站	宝安国际机场
车程	23 公里，约 41 分钟	34 公里，约 1 小时	34 公里，约 1 小时	19 公里，约 33 分钟
打车费用	约 50 元人民币	约 90 元人民币	约 90 元人民币	约 50 元人民币
公共交通	从深圳北地铁站乘坐 5 号线（赤湾方向）到兴东地铁站(B 出口)，出站乘坐 M395 路公交车（水田新能源场站方向）到宝华油站，步行 8 分钟即可到达	从布吉站地铁站，乘坐 5 号线（赤湾方向）到兴东地铁站（B 出口），出站乘坐 M395 路公交车（水田新能源场站方向）到宝华油站，步行 8 分钟即可到达	从深圳站乘坐 1 号线（机场东方向），到白石洲地铁站（B 出口），出站乘坐 M392 路公交车（正大城公交首末站方向）到应人石路口公交站，步行 6 分钟即可到达	从机场站乘坐 11 号线（岗厦北方向）到前海湾地铁站换乘 5 号线（黄贝岭方向）到洪浪北地铁站(B 口)乘坐 M395 路公交（水田新能源场站方向）到宝华油站，步行 8 分钟即可到达
备注	公共交通较为麻烦，建议打车			

九、推荐住宿酒店

为方便入驻，培训中心已经统一为学员预订并分配了房间，使用身份证办理入驻即可。如需调换房间，请自行协商。培训期间所有的餐饮费用由培训中心统一安排，酒店包含早餐，请学员根据需要自由选择。

名称：××× 酒店（×× 店）。

地址：×× 市 ×× 区 ×× 街道 ×× 路 ×× 号。

交通方式：距离培训地 2 公里，打车 10 分钟可到。

备选：××× 酒店（×× 店）。

地址：×× 市 ×× 区 ×× 街道 ×× 路 ×× 号。

单间：×× 元无早餐；标间：×× 元无早餐。

行政单间：×× 元无早餐；豪华套房：×× 元无早餐。

二、布置培训场地：精心设计，7 种培训桌椅布置方式

在进行培训时，场地的布置方式对于培训效果和学员的学习体验有着非常重要的作用。合理的培训场地能够营造良好的课堂氛围，增强课堂效果，同时培训师也可以根据桌椅的摆放设计不同的教学活动。因此，掌握如何布置培训场地是培训从业人员必备的基本技能之一。以下为 7 种常用的培训场地布置方式，仅供参考。

1. 传统会议型

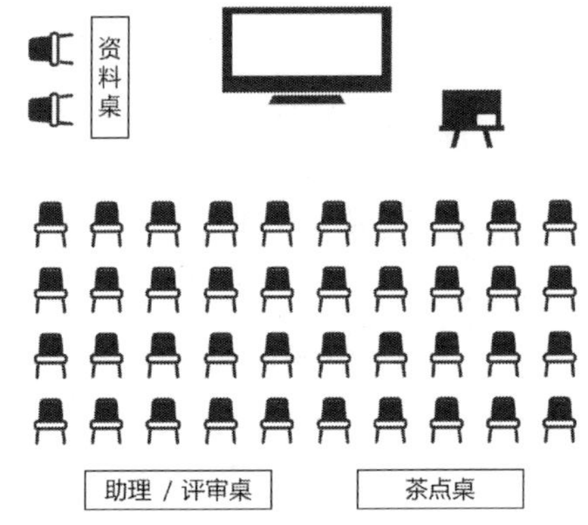

(1) 适用人数

通常用于 40 人以上的大规模培训活动。

(2) 优点

①最大化利用空间。传统会议型能使空间得到充分利用，最大限度地容纳学员。适用于中大型组织，他们通常需要培训大量员工。

②简单易行。布置相对简单，不需要复杂的座位排列或装饰。这使得会议室或培训场地能够快速准备，适合紧急召开的活动。

(3) 缺点

①缺乏互动。座位通常排列整齐，学员之间的互动交流有限。

②缺乏个人空间。该方式通常没有为学员提供足够的个人空间，如放置资料和记笔记的桌子。这可能导致学员将书籍、笔记本等放在膝盖上，不够舒适。

(4) 适用项目

适合不需要太多互动式教学的培训项目，适用于大型、传统型的培训项目，或者新闻发布会、启动仪式等场合。

（5）延伸使用

可以在座椅前方摆放长桌，以提供额外的工作空间，方便学员放置资料和记笔记。

2. 教室型

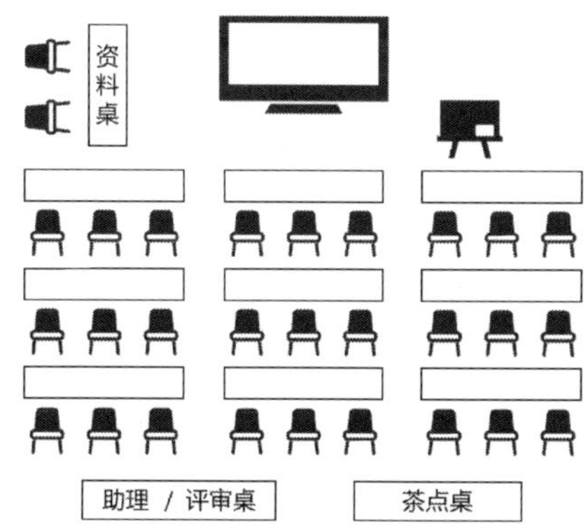

（1）适用人数

相对灵活，无特殊限制，可以根据需要容纳不同规模的学员。

（2）优点

教室型允许学员有足够的桌面空间，便于放置资料、笔记本和其他学习工具，有助于学员更好地参与培训并进行记录。学员的座位通常固定，这有助于建立学员之间的社交互动和合作关系，适用于较长时间的培训活动。

（3）缺点

该方式相对较为正式，不容易活跃气氛，学员之间的互动相对较少。培训师需要采用更多的策略来保持学员的参与度。随着时间的推移，学员容易分散注意力，特别是在较长的培训课程中，培训师需要采取措施使学员保持专注。

（4）适用项目

适合不需要太多互动式教学的培训项目，或者对于需要学员有固定座位、进行较长时间深入学习的情况。还可以用于举行新闻发布会、研讨会等场合，这些场合通常需要学员集中听讲，不需要频繁的小组活动。

3.U 形

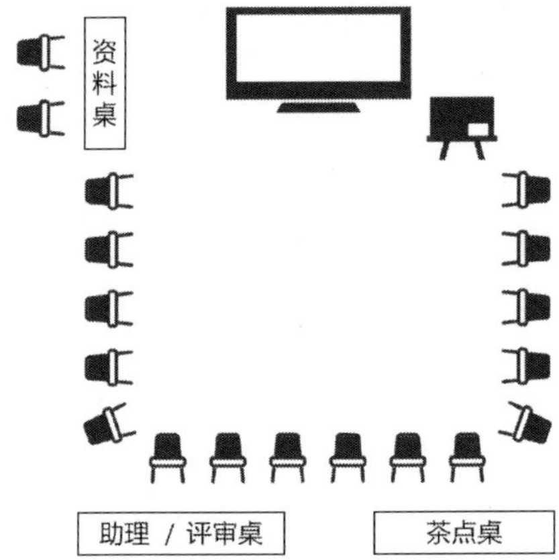

（1）适用人数

特点是将桌椅摆放成 U 形，适合 20 人以内的小型学员群体。

（2）优点

U 形会议使培训师能够站在 U 形的内部，更容易与学员建立联系，提高互动性。培训师可以更直接地与学员交流，回答问题，引导讨论，从而增强学员的参与感和学习体验感。

（3）缺点

培训师需要具备足够的实战经验与控场技巧，U 形会议通常没有提供足够的桌面空间，这可能会妨碍学员记录笔记或整理资料，这对于那些需要详细记录培训内容的学员来说可能是一个挑战。

（4）适用项目

U 形会议非常适合研讨会，因为它鼓励学员积极参与讨论和分享观点。除此之外，U 形会议也适合需要小组活动和合作的开放式培训项目或行动学习项目。

（5）延伸使用

在 U 形会议的基础上，可以在座椅前方摆放长桌，以便学员放置资料和电子设备，但会在一定程度上降低 U 形会议的灵活性。

4. 圆形

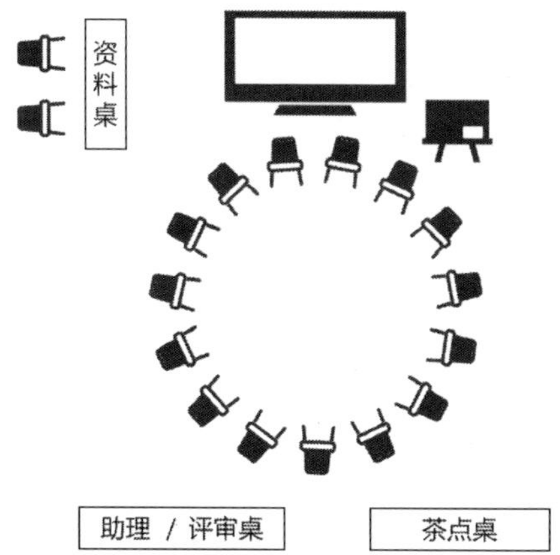

（1）适用人数

特点是将桌椅摆放成圆形，适合 20 人以内的小型学员群体。

（2）优点

圆形会议使培训师能够站在圆形内部，更容易与学员建立直接的互动。这种相对接近的距离可以鼓励学员更积极地分享意见、提问和参与讨论，以有利于增强学员的培训体验。

（3）缺点

圆形不利于记录。同 U 形会议一样，圆形会议通常没有提供足够的桌面空间，可能会妨碍学员记录笔记或整理资料。由于学员座位之间的近距离，圆形会议可能不适用于需要复杂教学设备或大型资料展示的情况。

（4）适用项目

圆形会议适用于在户外环境中进行的培训项目，因为它可以增强学员与自然环境的联系，鼓励团队合作和互动，或需要小组活动和合作的开放式培训项目。

5. 鱼骨形

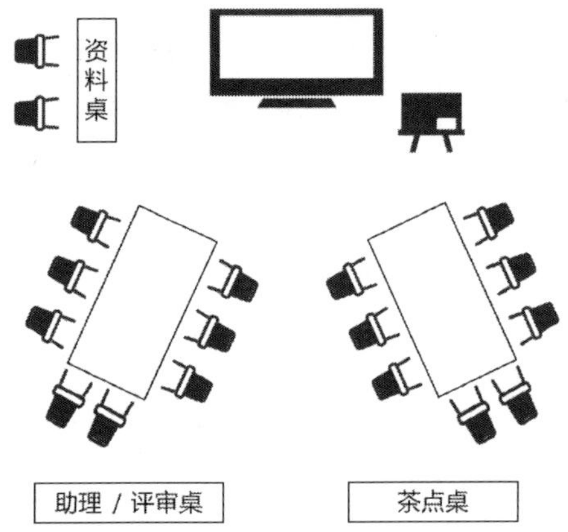

（1）适用人数

名称来源于它的形状，类似于鱼骨骨架，适合 40 人以内的中小型培训团队。

（2）优点

鱼骨形的主要特点是学员被分成多个小组，每个小组围绕中央区域形成一个小团队。这种布局非常适合互动性强的培训项目，因为鱼骨形鼓励学员以小组形式进行讨论、竞赛和合作。这有助于培训师采用多样化的教学方法来传达课程内容。

（3）缺点

鱼骨形需要一定的开场准备工作，包括确定小组领袖、小组名称、小组口号等，这可能需要一些额外的时间和组织工作。由于学员被分成多个小组，鱼骨形不太适用于大型培训项目，因为在大型人员群体中，管理和控制小组可能会变得复杂。

（4）适用项目

对于需要学员积极互动、合作和竞赛的培训项目，鱼骨形是一个很好的选择，学员可以更容易地与小组成员互动，分享观点和经验。同时适用于以中型组织为单位的培训项目，因为中型组织通常具有较为紧凑的人员结构，有助于组织和管理小组。

（5）延伸使用

桌子改成纵向并排摆放，面向培训师和投影，阵形由鱼骨形变为岛台型。

6. 现代会议型

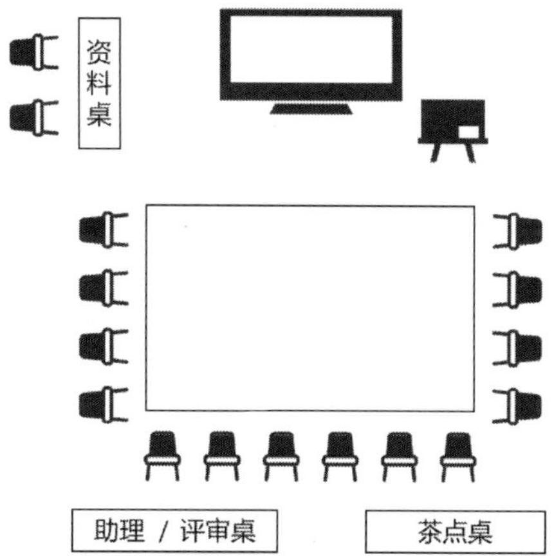

（1）适用人数

现代会议型是适用于小型学员群体的会议布局，通常用于 20 人以内的培训项目。

（2）优点

现代会议型有利于培训师监控现场情况，以确保学员专注于课程内容。

（3）缺点

由于座位排列相对固定，这种布局可能限制了培训师的灵活性。培训师在课程中难以轻松地进行布局更改或组织团队型的教学活动。

（4）适用项目

适用于那些互动性要求不高的培训项目，例如一些传统的会议、研讨会或报告会。在这些场合，学员主要需要听取信息而不需要频繁地进行小组讨论或互动。

7. 岛屿型

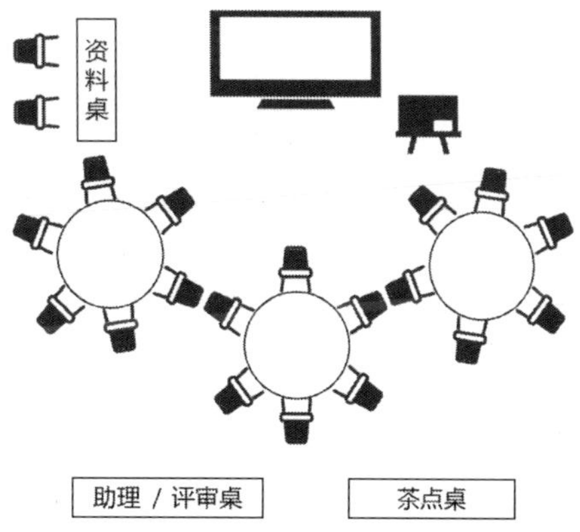

（1）适用人数

特点是将学员分成小组，每个小组围绕自己的桌子或“岛屿”坐在一起，通常用于 24 人以内的培训项目。

（2）优点

①激发学员参与感：岛屿型布局有利于培训师激发学员的参与感。学员坐在小组内，更容易互相交流和讨论，有助于他们更积极地参与课程。

②良好的互动效果：这种布局促进了学员与培训师之间的良好互动。培训师可以更容易地走近每个小组，与学员建立密切联系，回答问题并提供指导。

（3）缺点

①不能与其他组交流。岛屿型布局的学员通常与自己小组的成员互动频繁，但与其他小组的学员互动有所限制，这可能会降低不同小组之间的信息交流。

②对培训师的要求高。这种布局要求培训师具备较高的控场技巧，因为他们需要同时管理多个小组，并确保每个小组都得到充分的指导和关注。

（4）适用项目

岛屿型布局适用于强调团队合作和小组互动的培训项目，例如领导力培训或团队建设。同时适用于以小型组织为单位的培训，例如企业内部的小组培训或小型团体的研讨会。

为了便于读者匹配合适的布置方式，笔者根据适用场景、教学方法、互动程度，制作了培训场地匹配表，如下所示，仅供参考。

适用场景	主要教学方法	互动程度	适用类型
大型、传统型的培训项目、新闻发布会、启动仪式	讲授法、图片演示法、视频演示法、示范法、读书指导法……	互动少，侧重于信息传递	传统会议型、教室型、现代会议型
强调团队合作和小组互动的培训项目、以小型或中型组织为单位的培训项目	角色扮演法、实验法、主题辩论法、讨论法、小组讨论法……	互动多，侧重于学员之间的合作与竞争	鱼骨形、岛屿型
研讨会、开放式培训项目、行动学习项目	案例教学法、情境教学法、二人分享法、小组讨论法、行为研究法……	互动多，侧重于引导学员产出结果	U 形、圆形

8. 其他事项

在布置培训场地的过程中，有一些关键事项需要特别注意，以确保学员的学习体验和培训效果最佳化。

（1）座次安排

为了确保每位学员都能够清晰地观察到大屏幕、白板和培训师，座位的安排至关重要。学员的座位应该均匀分布，避免有人坐在离屏幕过远或过近的位置。当场地布置完成后，培训专员可以模仿学员坐在座位上，查验是否能看清屏幕。

（2）控制距离

学员之间的距离也需要合理控制。座位之间既不宜过于拥挤，也不宜过于疏远。通常建议座位之间的间隔保持在 20 ～ 40 厘米，这有助于提供足够的个人空间，使学员感到舒适。

（3）资料摆放

除非培训师要求，否则都需要在座椅前摆放桌子，并将相应的资料、文具和辅助教具依次摆放。

（4）场地清洁

保持培训地点的清洁。一个整洁的培训环境有助于提供舒适的学习氛围，同时也为拍摄培训照片提供了良好的素材背景，有利于宣传和回顾培训项目。

（5）路引标识

放置路引标识，以指明培训场地、吸烟室、休息室、餐饮区和厕所的方向。这有助于学员迅速找到所需的设施。

（6）安全性

确保场地具备基本的安全设备，例如灭火器、疏散路线、应急灯光等。确保这些设备能正常使用，以应对突发情况。

三、准备培训物料：细致备课，49 项培训物料呈现细节美学

每一场培训都是由培训师的教与学员的学相互作用构成的双向活动，他们之间的互动和学习体验很大程度上依赖于后勤人员的准备工作。培训专员在为培训活动准备相关物料时，通常将培训物料分为两大类：一般物料和特殊物料。

1. 一般物料

一般物料是指几乎每一场培训中都需要使用的标准物料，如大白纸、翻页笔、横幅等。这些物料的特点是通用性强，可以适用于不同类型的培训项目。在准备一般物料时，有几个关键问题需要明确。

一是需要准备哪些物料？列出所有可能需要的物料清单，包括各种文具、办公用品、展示材料等。

二是对应的负责人是谁？每种物料都需要一个负责人，负责采购、存储和分发物料。

三是每一种物料需要准备多少份？根据参与学员的数量，确定每种物料的数量，确保每个学员都能获得所需物品。

四是每一种物料的作用是什么？明确每种物料的用途，以便在需要时能够正确分发和使用。

根据笔者经验，可以将一般物料按照 7 个场景划分，包括课室环境、讲台、学员桌面、音控台、茶歇处、休息室以及培训室外。在这些场景下，列出了 49 项具体的物料清单，基本上可以满足各种培训项目的需要。以下为笔者整理的培训物料明细表，仅供参考。

培训物料明细表

项目	序号	物料名称	细节描述（假设学员 24 人，分 3 组 /4 组）	数量（参考）	完成情况(√)	责任人
课室环境	1	桌子	根据培训要求布置，检查是否整齐对称	6 张 /8 张		张三
	2	椅子	根据培训要求布置，检查是否整齐对称	≥ 24 张		
	3	横幅	用于展示本次培训主题，检查横幅是否挂上，是否粘牢	1 条		
	4	夹子 / 胶纸	用于夹横幅或粘贴横幅	10 个 /1 卷		
	5	时钟	用于培训师掌握课堂进度，检查能否正常使用	1 个		
	6	签到表	用于学员签到	1 份		
讲台	7	白板	用于培训师板书，检查是否擦干净	1 个		李四
	8	白板笔	用于培训师板书，最少配备红黑 2 种颜色	≥ 2 个		
	9	白板擦	用于培训师板书，最少配备 1 个	1 个		
	10	大白纸	用于培训师教学，每位学员 2 张	≥ 48 张		
	11	大头笔	用于培训师教学，颜色不限，每位学员 1 个	≥ 24 个		
	12	电脑	用于播放资料，检查能否放音乐、PPT、视频，是否连接网络	1 台		
	13	翻页笔	检查翻页功能是否正常使用，红外线功能是否正常使用	1 个		
	14	USB 分接器	检查 U 盘能否正常读取	1 个		
	15	笔记三件套	签字笔 +A4 纸 + 夹纸板，用于培训师记录教学过程	1 份		

续表（一）

培训物料明细表						
项目	序号	物料名称	细节描述（假设学员 24 人，分 3 组 /4 组）	数量（参考）	完成情况（√）	责任人
学员桌面	16	小组台卡	用于展示组别，统一摆放位置	3 个 /4 个		张三
	17	学员卡	用于展示学员姓名，统一摆放位置	24 份		
	18	纸巾	学员培训使用，每组 1 包	3 包 /4 包		
	19	矿泉水	学员培训使用，瓶盖做标记（如 1，2，3），每人至少 1 瓶	≥ 24 瓶		
	20	笔记三件套	签字笔 +A4 纸 + 夹纸板，用于学员记录课堂知识，每人 2 张纸、1 支笔	≥ 24 份		
	21	培训教材	学员培训使用，每人 1 份	24 份		
	22	手机存储箱	用于小组存放手机，专心上课，每组 1 个（根据情况准备）	3 个 /4 个		
音控台	23	相机	用于拍摄上课照片，检查设备是否正常（可用手机代替）	1 台		李四
	24	投影仪	用于展示资料，检查设备是否正常	1 台		
	25	HDMI 高清线	用于连接投影仪与电脑	1 条		
	26	音控	测试麦克风和音乐播放是否正常	1 套		
	27	麦克风套装	麦克风 + 头套 + 电池，至少 2 支麦克风，4 节电池	2 支 /4 节		
	28	电源排插	用于学员电脑充电，检查设备是否正常，每组 1 个	3 个 /4 个		
	29	手机录像支架	用于录制培训视频，检查支架是否正常	1 个		
	30	充电器	用于手机充电（IOS+ 安卓）	2 个		
	31	倒计时手持牌	“60s”“时间到”等提示牌（可用电脑“倒计时”代替）	1 套		
	32	纸巾	培训师使用	1 盒		李四
	33	垃圾桶	用于丢置垃圾，检查是否套上垃圾袋	1 个		
	34	纸杯	课程开始前给培训师准备温开水	1 个		
	35	工作人员联系表	检查人员是否到位（乙方培训使用）	1 份		
	36	培训师课件	检查 PPT 能否正常播放，超链接能否打开	根据课程内容准备		
	37	课件素材	检查有无视频 / 音频素材，能否正常播放	根据课程内容准备		
	38	培训证书 / 奖品	用于结尾评比颁奖，结业使用	根据课程内容准备		

续表（二）

培训物料明细表						
项目	序号	物料名称	细节描述（假设学员 24 人，分 3 组 /4 组）	数量（参考）	完成情况(√)	责任人
茶歇处	39	茶歇	准备糖果、蛋糕等，检查是否还在保质期内	若干		张三
	40	速溶咖啡	每位学员 2 袋，检查是否还在保质期内	≥ 48 袋		
	41	热水壶	用于学员饮水，泡咖啡等，有饮水机可不准备	1 个		
	42	纸杯	学员饮水	≥ 24 个		
	43	垃圾桶	用于丢置垃圾，检查是否套上垃圾袋	1 个		
休息室	44	纸巾	培训师休息时使用	1 盒		李四
	45	时钟	用于掌握课堂进度，检查能否正常使用	1 个		
	46	垃圾桶	用于丢置垃圾，检查是否套上垃圾袋	1 个		
	47	常用药品	用于处理突发情况	1 套		
培训室外	48	路线指引	用于指引教室、洗手间等位置，检查摆放位置是否准确	根据场地要求准备		张三
	49	培训师易拉宝	用于展示培训师资历与经验，检查相关描述是否准确	≥ 1 个		

在筹备物料的过程中，需要注意：一般物料的具体数量应根据培训的实际情况来确定，影响因素有学员的数量、分组的数量、培训的时长等。例如，如果培训持续 3 天，那么物料表中的某些物品，如速溶咖啡和纸杯，可能需要按照原定数量的 2 到 3 倍准备，以满足整个培训活动的需求。培训物料明细表是根据不同的场景布置不同的物料，侧重于培训现场检核物料是否有缺失，因此在表中会出现重复物料的情况。培训专员在筹备物料的过程中，可以先尝试预检查，盘点企业目前具备哪些物料资源，根据检查结果结合“培训物料明细表”可生成培训物料预算表，进而采购相关物料。

2. 特殊物料

特殊物料是指为满足特定的培训主题或活动需求而精心准备的特殊道具。这些物料具有独特性，需要根据培训内容和目标进行定制和设计。比如，在进行团建游戏时，可能会用到“齐眉杆”“动力圈”，在进行管理培训时，可能会用到“案例分析卡”“管理金字塔”等特殊物料。

特殊物料的准备通常需要在培训的前期计划阶段进行，这需要培训专员与负责本次培训的培训师之间充分地协作和沟通。培训专员需要了解培训师的具体需求，以便为他们提供相关的特殊物料支持。如果培训项目没有明确的特殊物料要求，那么可以按照一般物料的标准准备。

在准备物料的过程当中，需要注意以下事项。

（1）物料的灵活性

培训物料并不是一成不变的，而是应该根据每次培训的具体需求进行调整和定制。培训专员应该理解每一项物料的具体用途，而不是机械地照搬标准清单。例如，根据预算和需求的不同，可以选择为学员配备传统的“夹纸板 + 纸 + 笔”套装，或者更高端的“笔记本 + 笔”套装。在一些特殊情况下，如无法使用相机拍摄照片时，可以寻找替代方案，如使用手机来满足需求。

（2）提前准备

培训项目通常有明确的时间节点，比如项目规划期、宣传期、执行期等，而不仅限于单次培训课程的结束。因此，必须提前 1 ～ 3 天甚至更早地准备所需物料，并确保场地布置工作也在计划之内。这样可以防止出现因临时赶工而导致物料不足或质量不佳的问题。

（3）注重细节

准备物料是一项高度细致的工作。在这一过程中，优秀的培训专员与培训小白的区别在于对细节的重视和把控。例如，如果学员桌上提供矿泉水，那么可以使用马克笔为每瓶水标上不同的阿拉伯数字，以便学员区分。其中数字的摆放顺序、矿泉水的摆放位置等都可以反映培训专员的专业性和细致程度。这些小细节可以提升学员的整体体验，让培训更加顺利。

因此，培训专员在准备物料时，需要灵活应对，关注细节，根据具体需求和预算情况进行合理的调整。这样可以提供更高质量的培训体验，满足学员的需求，确保培训的顺利进行。

四、做好培训主持：流程衔接，标准化主持词撰写技巧

主持人和培训师是在不同领域的专业工作者。主持人是指具有采、编、播、控等多种业务能力，在一个相对固定的节目中，主导节目进程的专业人员。培训师是指集编、导、演于一体，在一个相对规范的课程中，通过教授专业知识而获得报酬的专业人员。虽然二者的工作性质有所不同，但从能力上说，主持人和培训师都必须具备一定的控场能力、表达能力和稳定的台风。在企业培训现场，培训师经常需

要充当主持人的角色，特别是在培训课程中需要组织和引导讨论、互动的环节，因此培训师需要具备主持会议、引导讨论、维持会场秩序等能力。

培训专员是企业培训部门中的基础岗位，在培训活动中担任主持人的机会较多，在实践中应重视每次主持的机会，积累主持经验，学会撰写培训主持稿并提高公众表达能力。以下是某位培训专员的开场主持词，请思考：主持词中传达了哪些信息？这些信息起到了什么作用？

> 各位学员，大家好！
>
> 我是×××，非常荣幸担任今天培训活动的主持人。今天是周末，或许很多人都在睡懒觉，而在座的各位都已经精神饱满地准备学习知识了，能够和大家一起学习，我感到非常的高兴！我代表×××欢迎来自各行各业的HR精英们！
>
> 为了让我们的培训有一个良好的环境，请大家将自己的大手机、小手机都掏出来，调成静音状态，给大家10秒钟的时间。在培训过程中，有任何问题请大家举手示意，不要交头接耳。在会场内不允许吸烟，希望大家都自觉遵守，感谢大家的配合！
>
> 现在天越来越冷了，我看大家也需要舒展一下身体了！
>
> （穿插一个热身活动！）
>
> 好！精彩的活动就进行到这里，感谢大家的参与。
>
> 俗话说，读万卷书不如行万里路，行万里路不如阅人无数，阅人无数不如名师指路。今天上午，将由我们实战派人力资源培训师、国家高级人力资源管理师、职业辅导专家×××老师为我们带来一堂精彩的人力资源课程，接下来让我们用热烈的掌声有请×××老师！

从以上案例中我们可以提取出的信息如下。

一是主持人的身份。主持人首先介绍了自己的姓名，表示对参训学员的热烈欢迎。这个部分的作用是建立与学员之间的联系，营造友好的氛围，让学员感受到尊重。

二是课堂纪律的强调。主持人提到了课堂纪律的重要性，包括注意事项和行为规范。这有助于确保课程的高效进行，学员明白他们需要遵守一定的规则，才能获得最大的学习效益。

三是暖场活动的开展。主持人提到了暖场活动，这是一种用于拉近与学员距离的手段。它可以帮助学员放松，准备好学习课程内容。

四是培训师的简介。主持人简要介绍了即将授课的培训师，这有助于学员了解讲师的背景和专业性，增强对课程的信任感。

为了协助培训专员做好培训主持工作，笔者根据实践经验，设计了一套标准化的培训主持流程，包括开场主持、串场主持和结尾主持。

1. 开场主持

开场主持应包括以下几个方面。

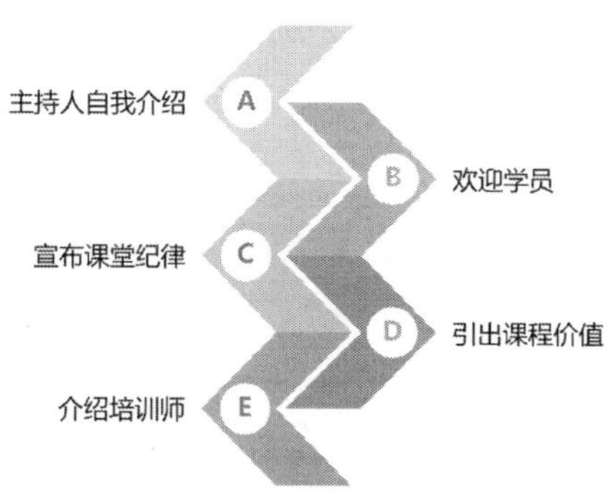

一是主持人自我介绍。课程的主导者是培训师，而主持人的目的是活跃气氛，引出课程。因此，主持人的自我介绍一定要简短明了。错误示范：大家好，我是本堂培训课的主持人 ×××，曾获得过 ××× 主持人大赛一等奖的成绩，同时也是 ××× 企业的金牌主持人。正确示范：各位学员，大家好！我是 ×××，非常荣幸担任今天培训活动的主持人。

二是欢迎学员。如果是内部培训，主持人应表示真诚的感谢，并肯定学员对课程的参与和学习态度。如果是外部培训，此处的欢迎既可以是对学员的感谢与肯定，也可以是欢迎学员来到培训地点或城市。

三是宣布课堂纪律。无论是针对青少年学员还是成年学员，都必须强调课堂纪律。在上课的过程中，学员的注意力集中在培训师或者授课内容上，任何干扰因素都会引起学员的注意，影响到培训课程的正常进行。常见的干扰因素有接打电话（手机铃声）、抽烟、学员随意走动、交头接耳等。

四是引出课程价值。所有的培训都是为了解决具体的问题，参加课程的学员如果不清楚本场培训的价值，不仅影响培训的效果，而且容易以一种“批判性”的眼光看待培训，使培训的价值大打折扣。主持人应向学员引出本次培训的核心价值，简述学员为什么要学习这个课程，学完之后学员能解决什么问题。

五是介绍培训师。学员清楚课程的价值后，自然要了解是谁来讲授这门课程，讲授者是否具备相应的经验与资质，所以主持人在介绍培训师的时候，一定要筛选培训师身上与本堂课程相关的信息。错误示范：在讲授（Training the Trainer to Train，TTTT）这门课程的时候，主持人介绍本堂课程的培训师是国家家庭教育指导师，国家一级健康管理师。实际上讲授 TTT 这门课程要求培训师具备丰富的课程开发经验和授课经验，跟家庭教育、健康管理没有太大的关联性。

注意：建议开场主持时间控制在 5 至 10 分钟，主持人应提前与培训师进行沟通，熟悉课程内容，撰写好开场主持稿。如果需要，可以添加破冰活动以拉近学员与主持人距离。

2. 串场主持

培训课程的授课时长有些比较短，比如 15 分钟微课、30 分钟、1 个小时，有些比较长，比如 1 天、2 天、3 天。培训师在授课的过程中需要把握课程节奏，调配休息时间，所以培训专员的主持工作不仅包括开场主持，还要进行串场主持。这里的串场主持包括每个单元休息结束后的串场和每半天开场的串场。串场主持的内容应包括以下几个方面。

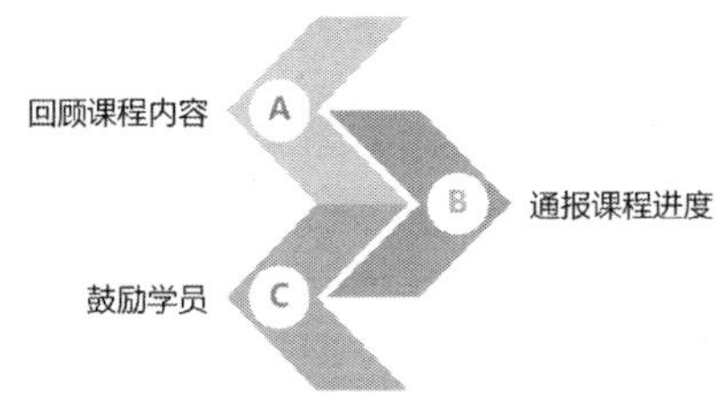

一是回顾课程内容。串场主持人应利用这个机会帮助学员回顾前半部分的课程内容。这有助于巩固学习，减少遗忘。可以采用提问的方式，激发学员的思考，或者设置小测验来检查他们的掌握程度。条件允许的情况下，提供奖励或奖品可以调动学员的积极性和参与度。

二是通报课程进度。主持人可以简要总结已经学过的课程内容，并提供一个时间线，明确剩余的学习阶段和休息时间，避免学员产生时间线过长的错觉，从而减轻学员的疲惫感。

三是鼓励学员。现代培训模式通常以小组方式进行，并以积分的形式形成等级排名。主持人在串场时可以适当鼓励落后的小组，表扬表现优异的小组或个人，鼓励全体学员积极参与接下来的培训内容，最后引出培训师开展接下来的培训。

需要注意的是，并非每次培训都需要串场主持人，一些培训师可能更愿意自己进行串场主持，以保持自己讲课的连贯性。在这种情况下，主持人可以与培训师协调，提供必要的支持和信息，确保课程顺利进行，案例如下。

> 各位学员：
>
> 现在中场休息结束了，请大家回到自己的座位上，第一个先到齐的小组我们给加上 2 分，迟到的小组要表演节目哦。（3 ～ 5 分钟暖场）
>
> 在刚刚的课程中，我们学到了很多宝贵的知识和经验，相信大家都有所收获。那么现在考验下大家究竟掌握了多少课程内容。（可以根据课程内容提问，答对问题给予个人加分，答错问题可扣分或不得分）
>
> 看来大家对于今天的课程内容都掌握得非常牢固，非常棒。我们看一下现在的积分排名，排名第一的是学员 ×××，第二名距离第一名仅有 2 分的差距了。排名第一的小组是 ×× 组，总分是 ×× 分，比第二名的小组多了 ×× 分。排名落后的学员不要灰心，我们后面还有很多机会可以获得积分。（可以强调奖品）
>
> 我们刚刚已经完成了第一阶段的学习，接下来，我们将继续进入课程的下一阶段，这个阶段的内容会更加深入，实践性更强，相信会对大家有很大的帮助。
>
> 在这个阶段，将再次邀请我们的主讲人 ××× 老师为大家讲解具体的案例和操作技巧。请大家认真听讲，积极参与互动，相信会有更多的收获。大家掌声欢迎 ××× 老师。

3. 结尾主持

结尾主持一般是在培训师宣布本堂课程结束时进行，这时学员往往会对培训师报以热烈的掌声，此时主持人应该上场对培训师表示感谢，并按照以下流程设计结尾主持。

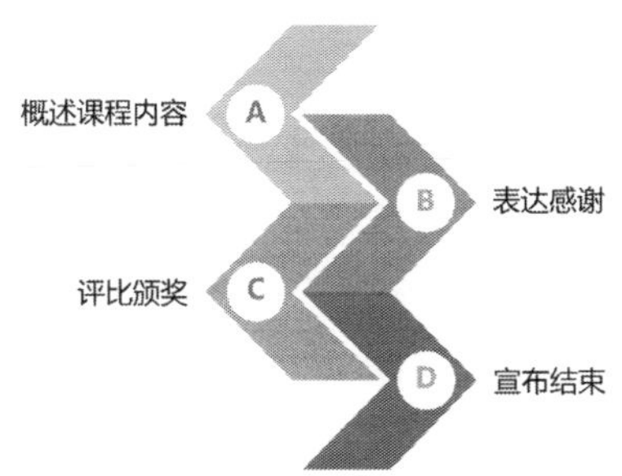

一要概述课程内容。一般情况下，培训师在结尾的时候会对整堂课程进行总结与回顾，所以主持人不用再带领学员回忆课程内容，但是可以对整堂课程的内容进行概述。比如主持人可以强调这些知识点的实际应用，表达对学员未来的期望。

二要表达感谢。表达感谢时，应包含以下三个方面。首先，表达对培训师的真诚感谢，强调他们的专业知识和辛勤工作。其次，感谢学员的参与和付出，强调他们在学习过程中的积极性和努力。最后，感谢活动的主办方，表达对他们提供支持和协助的感激之情。这些感谢表达不仅让每个参与者感到被重视，也为培训课程画上完美的句号。

三要评比颁奖。如果培训课程涉及小组竞赛或互动，主持人可以宣布并颁发奖项。这些奖项既是对表现优异的小组或个人的认可，又是鼓励其他学员在未来课程中更加积极参与的动力。颁奖仪式可以充满欢乐和温馨，为学员带来愉快的回忆。在颁奖结束后，主持人可以引导学员进行集体合影。这是留下美好回忆的方式之一，也是培训活动的一部分。确保拍摄清晰的合影，并鼓励学员微笑、互动，使照片更具意义。

四要宣布结束。在拍摄完大合照后，主持人可以再次表示感谢，并宣布活动结束，提醒参训学员整理好个人物品，有序离场，案例如下。

> 不知不觉间，今天的培训课程已经圆满结束了。在这段时间里，我们一起学习了 ×××。我们从 ×××、××× 等方面深入剖析该主题，通过 ×××、××× 的案例和实践，向大家阐述了 ×××、××× 的重要性和实际应用。在学习中彼此分享了经验与想法，相信大家都有了很大的收获。
>
> 在此，请所有的学员以最热烈的掌声送给我们的培训师 ××，感谢您为我们带来如此精彩的培训课程，让我们受益匪浅。同时，我们也要感谢参与今天课程的各位同学，没有你们的积极参与和贡献，今天的课程也不可能取得这样的成功，为认真学习的你们点赞。（根据需要表达对主办方的感谢）
>
> 接下来，我们将对表现突出的学员进行表扬和奖励。我们看下积分榜，获得本次培训第一名的是 ×××，请学员上台，有请 ×× 老师给学员颁奖。（合影留念，可以颁发 1 / 2 / 3 等奖、团队奖）请所有的学员上台合影留念。
>
> 最后，我要宣布今天的培训课程正式结束。再次感谢你们的出席和参与，希望大家在未来的工作和生活中能够实践并运用今天所学的知识。谢谢！

以上是关于培训主持稿的撰写思路。至于主持技巧，读者可以参考第五章“培训演绎技巧：基于实战经验的讲台呈现技巧”，其中详细地描述了培训师的声音、表情、站姿等培训演绎的技巧和注意事项。当在一次次的实践中不断丰富了舞台经验，那么培训主持自然水到渠成。

五、拍摄培训过程：精彩留存，培训全流程素材保留

在每一场培训中，最真实的记录莫过于培训照片或视频，培训专员需要化身“摄影师”，捕捉培训过程中的珍贵瞬间，为培训项目提供生动有力的视觉素材。视觉素材可以起到如下作用。

一是为培训项目结束后的总结报告提供素材。

二是展示现场培训状态，记录现场培训效果。

三是用于制作学员培训档案。

四是用于学员发朋友圈，展示自我。

视觉素材的拍摄分为摄影与摄像。以摄影为例，摄影师应该拍摄哪些照片呢?根据笔者经验，按照培训全流程（即培训前、培训中、培训后）划分，应该拍摄如下照片。

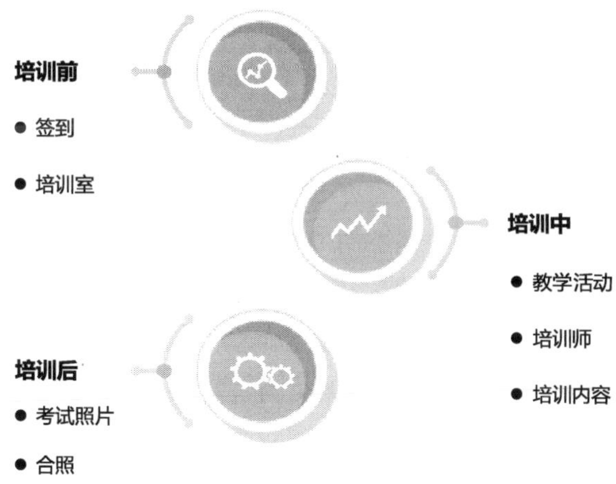

1. 培训前

（1）签到

签到是学员抵达培训室的第一个环节，在签到台、签到墙或签到表附近，捕捉

学员签到的镜头，突出他们的期待和互动。

①尽量拍摄每个学员单独签到的照片。比如拍摄学员正在签到时展现的笑容和互动瞬间，站在签到墙前的照片等。摄影师可以适当指导学员的拍摄姿势。

②拍摄“小团队”的签到合影照片。这种情况一般是出现在互相认识的学员中，如果培训涉及跨部门或多团队合作，可以拍摄不同团队的学员合影，突出合作和团队精神。

③提前拍摄签到处的照片用作签到指引。在发放培训通知时，可以附带场地照片，便于学员查找路线。

（2）培训室

当培训室布置完毕后，可以拍摄一组培训室的照片，以展示整个培训场地的布置和准备情况。

①拍摄正面角度、侧面 45° 的全景图。拍摄范围应涵盖整个培训室。

②拍摄培训室的细节图。比如学员桌面的布置图、茶歇区的布置图等，如果有特殊的设备、展板或道具，可以将其单独拍摄，突出培训主题和内容。

2. 培训中

（1）教学活动

在培训过程中，培训师会使用各种各样的教学方法，摄影师应不断捕捉每个教学过程中学员的精彩瞬间。

①抓拍学员做游戏、互动时的照片。因为现代的培训大部分是以小组的方式进行，所以在进行小组游戏、讨论互动时，摄影师应捕捉学员之间的协作和交流场景，尤其是活动中的关键时刻及表现出色的学员。

②抓拍学员提问、听课时的照片。在课堂上培训师经常会提问，摄影师应快速抓拍学员回答问题的瞬间，记录他们的成长和突破。如果有实地考察或实操环节，可拍摄学员在现场操作的照片，以展示实践学习和应用技能的情况。

（2）培训师

培训师作为课堂的引导者和主要讲授者，需要相应的照片作为培训记录。

①抓拍个人照片。拍摄培训师在授课过程中的照片，重点展示培训师面对学员时的表情和手势，展现个人气质、授课的状态。

②拍摄正面角度、侧面 45° 的全景图。展示培训师授课的情况。

（3）培训内容

除捕捉人员外，还需拍摄培训相关的文档和素材。

①拍摄学员笔记、学员手册、培训心得、作业等。用于培训总结或宣传使用。

②拍摄培训师 PPT、讲师手册等。注意在拍摄之前，要跟培训师提前沟通，课程内容是否保密，是否需要打码处理。

3. 培训后

（1）考试照片

培训结束后，培训师通常会组织学员考试，形式包括实操和笔试。摄影师应捕捉学员参加考试的瞬间，从而记录他们应用所学知识的情况，体现课堂效果。

（2）合照

在培训结束时，如果有设置积分排名，则会对优秀的学员、小组颁奖，摄影师需要拍摄颁奖过程的照片，以及颁奖的合影。同时，在培训的最后（也有在培训中进行），组织全体学员拍摄大合影，留下珍贵的集体回忆。摄影师需调整每位学员的位置、状态，确保每个人都能入镜。在拍摄培训照片时，需要遵循一些原则，以确保所拍摄的照片能够清晰、生动地呈现培训活动的关键瞬间。

①涉及人物的照片。拍摄角度通常采用正面、侧面 45° 水平或小幅度仰拍，这种角度能够更好地呈现被拍摄主体的面部表情和个人状态。在不干扰培训师和学员的前提下，摄影师应就近拍摄，快速拍摄完成后应检查所拍摄的照片是否符合要求。如果发现照片不符合要求，应迅速进行补拍。在拍摄时应注意构图技巧，如焦点、背景虚化等，突出被拍摄主体，使其成为照片的核心。

②涉及全景图。选一个能够观察到整个培训场地的位置。这个位置应该确保培训主题、培训师和学员都被纳入镜头之中。通常情况下，全景图的拍摄应以横向为主，拍摄角度可以正面或侧面 45° 水平，以确保全场的视野都能够被完整地记录下来。

③涉及教学活动。由于在教学活动中学员常常会表现出激烈的讨论，深沉的思考和获得知识的欣喜，而拍摄的瞬间往往一闪而逝，所以摄影师在培训前应充分了解培训流程、预判可能出现的精彩瞬间，并提前准备好捕捉这些瞬间所需的设置和技巧。

（3）注意事项

在拍摄过程中，需要注意以下事项。

①建议使用连拍。连拍能够在短时间内拍摄多张照片，增加捕捉精彩瞬间的机会。避免遮挡物遮挡拍摄对象，避免拍摄到摸头、喝水、打哈欠、看手机、打盹、交头接耳、不耐烦等镜头。尊重学员的隐私，避免拍摄学员不愿意出现在照片中的行为、信息等，或者在后期处理时将其打码或遮挡。

②领导照片的完整性。如果需要拍摄领导的照片，必须确保拍摄一整套，包括

领导致辞或总结时的照片、听课时的照片、互动时的照片以及颁奖时的照片等。此外，要考虑横向和纵向两种拍摄方向，以及单人还是多人入镜。

③不干扰培训进行。摄影师在工作中应尽量保持安静，以免干扰到培训师和学员，特别是要避免使用闪光灯等可能会干扰到培训活动的设备。

④注意光线和构图。摄影师需要充分利用场地的光线和环境，选择合适的构图和角度，以突出培训课程的重点和氛围。

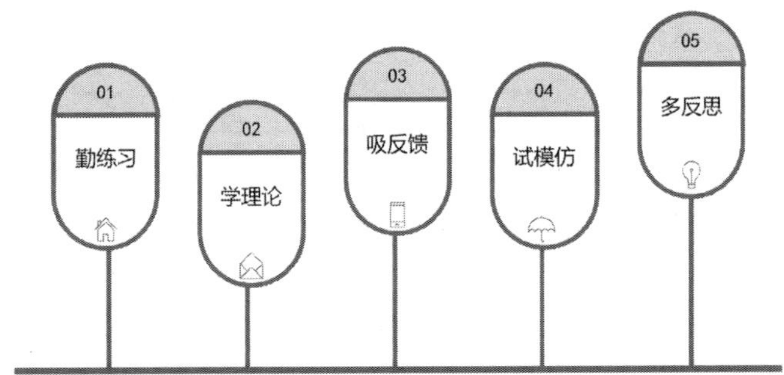

（4）提升摄影技术之道

提升摄影技术需要循序渐进，不必担心起点太低，因为每个技能的提升都是从不熟练到熟练的过程。通过不断的学习和实践，可以逐渐提高自己的摄影技能。以下是笔者的经验和方法，仅供参考。

①勤练习。摄影是一门技能，只有通过反复练习才能逐渐掌握。现代智能手机的摄影功能非常强大，无论在何时何地都可以使用手机进行练习。拍摄不同场景和主题的照片，从中学习如何捕捉光线、构图和抓图瞬间。

②学理论。通过阅读摄影书籍、观看教学视频等方式，了解摄影的基本原理和技巧，比如构图、曝光、快门速度、光圈等基础知识。一些在线平台（如哔哩哔哩）有许多免费的摄影课程可供摄影师学习。

③吸反馈。将自己的作品分享给他人，寻求他们的反馈和建议，分享彼此的经验和观点，这有助于发现自己作品中的不足之处，获得改进的机会。

④试模仿。通过模仿其他摄影师的拍摄风格和技巧，并尝试将其融入自己的作品中。后期逐渐在这些技巧的基础上加入自己的风格和特色，创造出独具个性的作品。

⑤多反思。在拍摄过程中，要时刻保持对自己作品的反思。检查照片，找出其中的亮点和不足之处。问自己，如何改进构图？如何更好地利用光线？如何捕捉更

有表现力的瞬间？这种反思将有助于不断进步。

（5）录制内容

在征询培训师同意的情况下，可以对整堂课程进行摄像。录制方式如下。

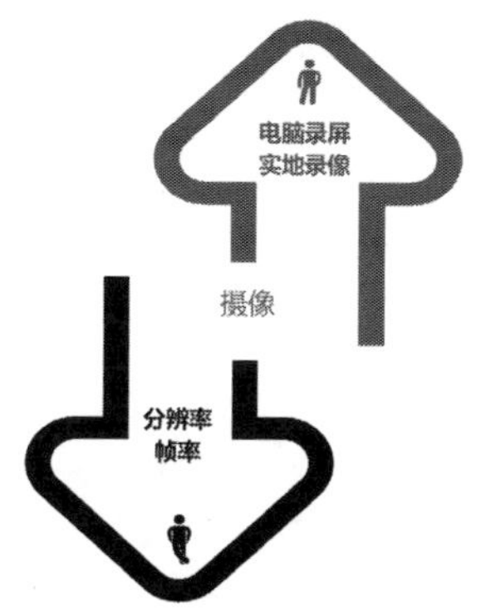

①电脑录屏。录制电脑屏幕可以捕捉到PPT或其他电子演示文稿的完整过程，便于后续线上学习使用。

②实地录像。以正面或侧面45° 水平录制培训师实际授课的场景，能够录制培训师在授课过程中的现场教学方法。采用多机位录制可以为后期视频剪辑提供丰富的素材。如果可能，提前测试录像以确保音频和视频质量。

在经费不足的情况下，无须采购摄像机，目前手机摄像功能已经非常强大。但是在录制的过程中，注意调节手机的分辨率和帧率。分辨率是指视频图像的像素数量块，它决定了位图图像细节的精细程度。通俗地讲，就是分辨率越高，录制的图像效果越清晰，录制形成的文件越大。以iPhone 12 mini为例，可以选择的分辨率有720p（高清，1280×720像素）、1080p（全高清，1920×1080像素）、4K（超高清，3840×2160像素）。帧率是指画面每秒传输帧数。通俗地讲，就是帧率越高，每秒钟帧数越多，所显示的画面越流畅。以iPhone 12 mini为例，可以选择的帧率有24fps、30fps、60fps。

六、宣传培训项目：高效传播，助力企业学习文化发展

现代企业追求营造积极的学习氛围，构建学习型企业，但要在企业内部创建一个有利于学习的场域并不是一件容易的事。这需要我们在每个培训项目中，通过不

断的宣传和推广，增强企业的学习氛围。同时，在宣传过程中，也需要让其他部门认识到企业对培训的高度重视，以及培训部门在企业中扮演的重要角色。

1. 宣传方式

在企业中，有多种宣传方式可用于传达培训项目信息，从而提高员工的参与度和了解度。以下是一些主要的宣传方式。

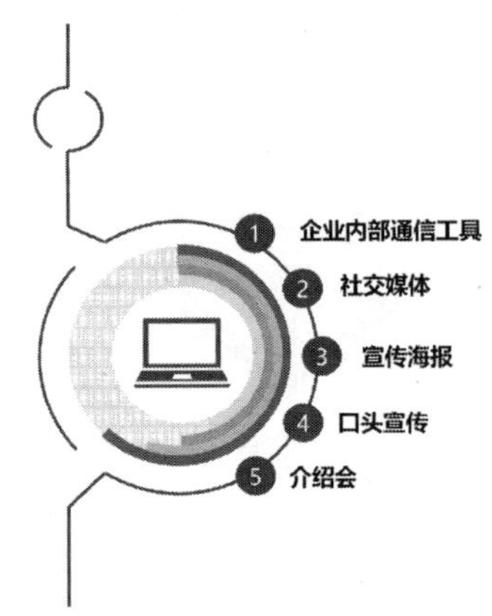

（1）企业内部通信工具

通过企业内部通信工具，如内部邮件系统、企业微信等，向员工发送培训信息，信息涵盖培训项目的课程内容、亮点、培训时间等。此外，企业内部公告板或 OA 工具也可用于向全体员工传达培训项目的相关信息，但需要注意，该信息不是培训通知，而是向全体员工展示培训项目的亮点。

（2）社交媒体

在社交媒体平台上发布培训项目的信息，包括课程特色、讲师介绍以及学员的评价等。这可以引起内部员工及其他人群的关注，同时提高企业的知名度。常见的社交媒体平台包括微博、微信公众平台、小红书等。

（3）宣传海报

制作生动有趣的宣传海报，展示培训项目的主题和亮点。这些海报可以放置在企业内容易引人注目的地方，如电梯、办公区域等，也可以制作成电子文档并通过电子邮件等方式传播。制作宣传海报的常见工具包括 PPT、H5、Photoshop 等。

（4）口头宣传

安排培训专员或负责人前往不同部门进行口头宣传。这些宣传者可以向员工详细介绍培训项目的内容和好处，解答员工的疑问。缺点是如果企业规模较大，可能无法覆盖到每个部门，因此这种方式不适用于所有企业。

（5）介绍会

在培训项目正式开始前，组织一场介绍会。在这个会议上，可以向员工介绍培训内容、讲师信息，并回答员工的疑问。这有助于员工更好地理解培训项目的价值和意义，同时也提供了一个机会，让项目负责人根据员工的反馈及时调整课程内容，使其更符合员工的期望。

2. 撰写宣传文案技巧

如果不擅长撰写宣传文案，以下是笔者的建议和经验，仅供参考。

（1）借助科技

随着现代科技的快捷发展，出现了一些强大的实用工具，如 ChatGPT、文心一言等自然语言处理模型。这些工具能够节省撰写文案的时间，使用者只需提供具体的需求，比如“请撰写一篇宣传文案，宣传培训项目，项目主题是‘跨部门沟通’，目标受众是全体员工，请突出宣传项目的亮点”。然后对这些工具生成的文案进行润色和修改即可。

（2）模仿同行

在互联网上可以找到许多培训机构的联系方式，参考它们在社交媒体上的宣传文案，或者尝试加入一些培训领域的交流社群，与同行进行沟通和交流。

3. 培训文案如何写

宣传培训项目可以吸引目标受众，提高他们的参与度，助力培训成功。而要达到这个目的，写好培训文案很重要。培训文案主要包含的信息有人员信息（培训师简介、参训学员名单）、课程信息（培训价值、课程简介、课程表）、价值信息（成功案例、费用和奖励、投资回报）、其他信息（培训时间 / 地点、食宿安排）。培训项目的宣传内容涵盖了培训通知应该呈现的信息，通常需要呈现的内容有以下 12 类。

培训项目信息表

维度	序号	内容	要求
人员信息	1	目标受众	详细描述培训项目的目标受众，他们的背景、需求和期望是什么
	2	师资力量	介绍培训师的背景和专业经验
课程信息	3	课程内容	明确阐述培训项目所要传授的知识、技能或态度，包括课程大纲、培训内容、培训目标、培训价值等
	4	培训方式	说明培训是如何进行的线上课程、面对面授课还是混合模式
	5	评估和反馈	解释如何进行培训项目的评估和反馈，以表明项目的质量和改进机制

续表

培训项目信息表			
维度	序号	内容	要求
价值信息	6	成功案例	分享以往培训项目的成功案例和学员的经验，以建立信誉和激发学员的兴趣
	7	费用和奖励	说明培训项目的费用和奖励，包括支付方式、退款政策等
	8	投资回报	参与培训后对职业发展和薪资提升的好处
其他信息	9	培训资源	包括培训材料、工具、实验室设备等资源的说明
	10	培训时间和地点	提供有关培训时间表和地点的信息，包括培训的开始时间、结束时间、培训周期等
	11	支持和联系信息	提供联系方式，以便受众可以获取进一步信息、报名或提出问题
	12	联系渠道	提供宣传信息的渠道，如社交媒体、公司网站、传单、电子邮件等

每次宣传培训项目的时候是否都需要呈现以上内容呢？显然不是，根据培训的周期划分，即培训前、培训中、培训后，每个阶段的宣传方式和宣传内容都不一样，为了方便匹配对应的方式和内容，笔者制作了“培训项目宣传匹配表”，仅供参考。

培训项目宣传匹配表			
阶段	宣传内容	阶段重点	宣传方式
培训前	1、2、3、4、6、7、8、10、11、12	展示项目全景及对学员的价值	企业内部通信工具、社交媒体、宣传海报、口头宣传、介绍会、官方网站
培训中	2、3、5、6、8、9、11、12	展示项目现场效果和学员反馈情况	企业内部通信工具、社交媒体、宣传海报、官方网站、课堂宣传
培训后	1、4、5、7、8、12	展示项目成绩与收获	企业内部通信工具、社交媒体、宣传海报、官方网站

下述案例是培训前发布在企业内网的一段宣传文案，案例中呈现的信息有目标受众和课程内容等，显然并没有按照“培训项目宣传匹配表”的要求呈现全部内容。因此，在撰写文案和挑选宣传方式时，应根据企业实际情况灵活调整。

> 亲爱的各位员工：
>
> 您是否曾经遇到过无法让听众集中注意力的尴尬场面？您是否曾经因为授课不得当而导致培训效果不佳的烦恼？如果您有这些问题，那么我们的“高效授课技巧”培训课程就是您解决问题的最佳选择！
>
> 培训对象：兼职培训师、任何在企业中承担授课任务的人员
>
> 本课程旨在帮助您掌握高效授课的核心技巧，从而提高授课效率和培训效果。我们将提供以下内容。
>
> ◆ 掌握如何制订课程计划和教学目标，使授课更加有条理和有效。
>
> ◆ 学习如何运用各种教学方法，例如案例分析、角色扮演等，让授课更加生动有趣。
>
> ◆ 学习如何应对听众提问和困惑，从而使授课更具有互动性和针对性。
>
> ◆ 学习如何运用多媒体技术和演讲技巧，使授课更加引人入胜和富有感染力。
>
> 我们的培训课程有以下亮点。
>
> ◆ 知名讲师授课：本次培训由多位经验丰富的知名讲师授课，他们将为您分享他们多年来的授课经验和技巧，助您成为出色的讲师。
>
> ◆ 个性化培训：我们根据每个学员的不同情况，制订个性化的培训计划，让您在最短的时间内取得最大的进步。
>
> ◆ 实践教学：我们注重实践教学，课程中将有大量案例分析和实战演练，让您能够真正地掌握高效授课的技巧。
>
> ◆ 课后辅导：课程结束后，我们将为您提供一对一的辅导，帮助您解决在实践中遇到的问题。
>
> 赶快加入我们，成为一名高效的讲师吧！
>
> 感谢您的阅读，期待您的参与！
>
> ××培训中心

根据以上案例，要点归纳如下。

◆ 培训前宣传内容 = 目标受众 + 师资力量 + 课程内容 + 培训时间和地点。

◆ 培训中宣传内容 = 评估和反馈 + 培训资源。

◆ 培训后宣传内容 = 评估和反馈 + 投资回报。

在企业实践中，无论采用何种宣传文案都需要注意以下几点。

（1）突出亮点

宣传文案必须突出培训项目的特点和优势。这些亮点应当引起员工的兴趣，让他们对参与培训产生浓厚兴趣。例如，在案例中提到的“高效授课技巧”可以强调其实用性以及提升教学效果的能力等。

（2）关注需求

针对不同职业、岗位、级别的员工，宣传文案的切入点和关注点应该有所不同。制定具有针对性的宣传策略和内容，使员工更容易接受宣传信息。考虑使用多种宣传方式，以增加覆盖面，不同的员工可能更喜欢不同的宣传渠道，因此多样化的宣传方式可以更好地满足不同人群的需求。

（3）注意时效

在选择宣传方式时，需要考虑员工可能会忽略或忘记宣传信息的情况。因此，需要选择合适的宣传时机和方式，包括提前宣传、多次提醒和及时更新信息，以确保员工能够及时了解培训项目的相关信息。

4. 宣传文案操作流程

每一种宣传文案的操作步骤都大同小异，以下是一个通用的操作流程，可适用于各种宣传活动。

（1）定义目标受众

明确定义需要宣传的目标受众，例如特定职位、特定部门或特定地区的员工。明确受众群体的特点和需求，有助于制定更具针对性的宣传策略和内容。

（2）确定宣传目的

在宣传前需要明确宣传的目的和意图，例如提高员工的专业技能、增强员工的团队合作能力等，目的明确有助于制定具体的宣传策略和信息。

（3）制订宣传计划

在明确目标受众和宣传目的的基础上，需要制订详细的宣传计划，包括宣传策略、宣传渠道和宣传内容等具体细节。宣传策略可以包括使用企业内部通信工具、社交媒体、宣传海报、口头宣传等方式。宣传内容则需要通过图片、短视频、文字、故事等形式，突出培训项目的课程特色和优势。

（4）制作宣传材料

宣传材料包括宣传海报、小册子、彩页等物料。这些材料将用于传达宣传信息，可以通过企业内部通信工具分发给目标受众，或用于社交媒体宣传。

（5）执行宣传计划

在准备好宣传材料后，需要按照宣传计划的要求，执行相应的宣传策略。例如，在企业内部通信工具上发布宣传信息，创建培训项目群组，或在社交媒体上发布宣传信息。执行宣传计划时需密切关注时间表和细节。

（6）跟踪宣传效果

宣传活动的效果需要进行跟踪和分析，包括参与人数、反馈情况及员工的反应等。通过分析，可以及时调整宣传策略和方式，以提高宣传的效果并达到宣传目标，这也为未来的宣传活动提供了宝贵的经验教训。

第二章　岗位核心角色——培训师助理

一、旁听培训授课：从课外到课内，实践提升专业水平

作为培训师助理，最大的福利是可以免费参加培训课程，从中获取不同培训师的专业知识。通过旁听培训师的授课过程，培训专员可以迅速熟悉所在公司的业务领域，深入了解相关的培训内容。此外，还能学习到优秀培训师的教学方法和舞台呈现技巧，从而提高自己的教学能力和知识水平。

学习有方法，跟课有技巧，以笔者的经验，以下是在跟课过程中需要注意的事项。

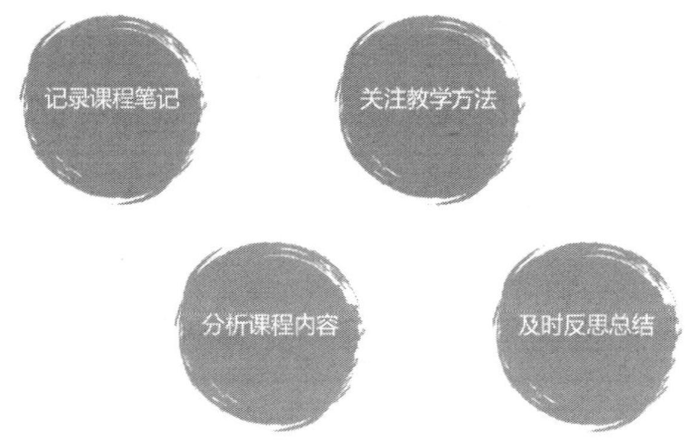

1. 记录课程笔记

在跟课时，务必记录培训师讲解的重要内容、学员的提问以及培训师的回答等信息。这些笔记不仅有助于学习和复习课程内容，还可以作为备课资料，以便在日后的培训工作中使用。例如，假设当前正在进行关于销售技巧的课程，培训专员可以记录培训师讲解的内容，如建立信任关系、销售流程、客户维护等方面的知识点。同时还可以记录学员提出的问题，例如如何处理客户异议或应对客户投诉等，这些都可以作为未来授课时的知识库。

如果在跟课过程中因为各种原因无法连续跟完整堂课，比如需要为学员提供餐饮服务或应对突发事件等情况，培训专员可以借助电子设备（如录音笔或手机）录像功能，以便后续回顾未完成部分，确保不遗漏重要内容。以下是培训专员在跟课时所整理的课程笔记案例，仅供参考。

日期：××××年××月××日

授课人：×××老师

课程名称：高效授课技巧

一、课程概述

本课程主要介绍如何提高授课效率，提升学员的学习效果。课程主要内容包括授课前的准备、授课过程中的技巧、授课后的反思和总结等方面。

二、授课前的准备

1. 明确教学目标：在授课前应该明确本次课程的教学目标，确保自己和学员都明确学习的方向和目的。通过“对象＋时间＋动作＋内容”的格式制定教学目标。

2. 制订授课计划：应该对本次授课的主要内容进行详细的规划和安排，确保授课顺序合理，节奏稳定。通过制定“教学计划表”梳理教学流程。

3. 熟悉教材：在授课前应该熟悉本次授课所需的教材，对于教材中的重点、难点进行分析和准备。通过设置“备注页”，标记教材中的重、难点。

三、授课过程中的技巧

1. 营造良好的氛围：在授课过程中应该注重营造积极、和谐的学习氛围，帮助学员更好地融入课堂。培训师应保持微笑，以友善的目光环视每位学员。

2. 注重表达方式：应该注意自己的语言表达方式和授课语速，避免出现过快或过慢的情况，以免影响学员的理解和接受。

3. 丰富教学手段：应该灵活运用多种教学手段，如案例分析、讨论、实际操作等，使学员的学习更加生动、具体、实用。

四、授课后的反思和总结

1. 及时反思：应该及时对自己的授课进行反思和总结，找出存在的不足和问题，并进行改进和优化。

2. 做好学员评估：应该针对学员的学习情况和反馈，进行评估和调整，确保达到预期的教学效果。

3. 持续学习：作为一名优秀的培训师，应该不断学习、更新知识和技能，不断提升自己的教学水平。

五、课程总结

本课程的学习让我了解了高效授课的关键要素和技巧，对于我的授课工作有很大的帮助，在后续的工作中将通过课程内容，提升个人的培训效果和教学质量。

2. 关注教学方法

在跟课的过程中，特别需要关注培训师所采用的教学方法和舞台呈现技巧。观察他们如何组织和引导学员进行学习。不同的培训师有不同的教学风格，但教学方法通常存在一些共通之处，可以参考不同培训师在讲解某个知识点时采用的不同教学方法，横向比较，对于提升教学能力，卓有成效。

举例来说，当培训师在引导学员进行讨论时，可以留意培训师是如何组织这场讨论，如何引导学员思考问题。他们可能会使用一种特定的流程："现在请各小组的组长组织讨论 ×× 问题，限时 5 分钟，倒计时结束后各小组选派一名学员进行分享，大家投票，得票数最高的学员个人加 5 分，小组加 3 分，现在倒计时开始。"这种流程可以提炼出来并在自己的教学中应用。

学会根据不同的内容和学员需求选择合适的教学方法。观察培训师如何根据内容性质采用不同的教学策略，更好地传递知识。例如，当培训师讲解抽象概念时，可能会使用举例子的方式；而在需要学员进行实际操作的情况下，可能会采用模拟演练或角色扮演。以下是知识点"西装礼仪"的教学方法案例，仅供参考。

在培训师讲解"西装礼仪"的知识点时，不同的培训师使用的教学方法也不一样。

1.视频演示：培训师通过播放多个视频案例，生动展示了穿着不合适与穿着得体的对比。这种方法让学员们能够直观地感受到穿着在西装礼仪中的重要性。

2.图片演示：培训师展示了一系列穿着不当的图片，鼓励学员分析这些图片中人的着装是否符合西装礼仪的要求。随后，培训师对这些图片进行解析，重点讲解了西装礼仪的各个方面，如领带、西装、皮鞋等。这种方法通过视觉元素帮助学员理解礼仪标准。

3.演示示范：培训师通过身着得体的西装，进行站立、坐姿等方面的演示，展示了在不同场合下的穿着技巧。学员们可以通过模仿培训师的示范来掌握实际操作技巧。

4.互动讨论：培训师鼓励学员参与讨论，询问他们对于西装礼仪的理解和个人经验。这种互动方式使学员们有机会分享自己的想法和经验，促进知识交流和共享。

5.角色扮演：培训师引导学员进行角色扮演，其中一名学员扮演“客户”，另一名学员扮演“销售员”，并在这个情境中进行演练。这种互动式的学习方法有助于学员将理论知识应用到实际情境中，加深理解。

6.举例法：培训师引用多个实际例子来说明西装礼仪的重要性和具体要点。例如，他提到了一位在面试中因着装不当而失去机会的求职者，以及一位在正式场合穿着不得体而引起尴尬的例子，这些例子可以让学员们更深入地理解西装礼仪的意义，同时也提供了真实生活中的参考经验。

3. 分析课程内容

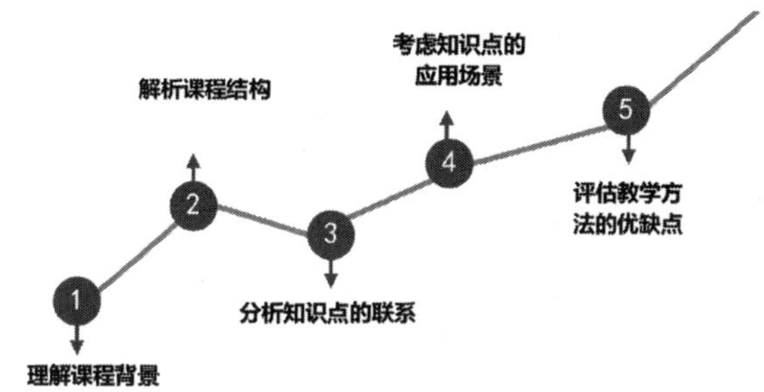

在跟课时，分析课程内容可以帮助培训专员更好地理解课程的结构、核心概念以及知识点之间的关联。以下是在分析课程内容时应该采取的一些关键步骤。

（1）理解课程背景

培训专员首先需要了解课程背景，明确这门课程是为了解决什么样的业务或组织需求而设计的。通过了解背景，可以更好地把握课程的整体目标。

（2）解析课程结构

在跟课的过程中确定课程被划分为哪些模块，每个模块包含了哪些具体的知识点。这有助于对整个课程的脉络和框架的理解。

（3）分析知识点的联系

在课程中，各个知识点通常都会有一定的关联性。培训专员需要分析这些知识点之间的联系，分析它们是如何构建在彼此之上。这有助于构建知识的逻辑框架，能够更好地理解整个课程的知识体系。

（4）考虑知识点的应用场景

思考每个知识点的实际应用场景有助于将抽象的概念与实际工作中的情境联系

起来，使学员更好地应用所学知识。

（5）评估教学方法的优缺点

对课堂中每种教学方法的优点和局限性进行评估。这有助于选择最合适的教学方法来传达特定的知识点。例如，某个知识点可能适合通过案例分析来讲解，而另一个知识点可能需要使用角色扮演来更好地理解。

例如，关于“跨部门沟通”的课程。在跟课时需要分析该课程的背景，即基于什么样的业务场景产出了这门课程。接着需要分析课程的结构，即整个课程分为几部分，每部分包含了哪几个知识点。还需要了解使用这些教学方法的优缺点，以及具体的课程内容，也就是前面两项执行动作“记录课程笔记”和“关注教学方法”。

课程背景
在日常工作中，大家都会遇到一些事情或者一些项目的推进，需要其他人甚至是其他部门一起协作帮助。有些比较“亲切”的同事，会很认真听，边听边赞同你的想法，让你感觉似乎已经接近了成功，但是后续你向他要产出，他跟你说没时间，没做。此时你充满了无奈。或者有些不太好沟通的同事，直接对你的消息已读不回，你又无可奈何。 沟通是解决冲突最常用的方法之一，也是身为企业管理者最重要的能力之一。而跨部门沟通更能体现企业员工的能力素质，在企业的经营发展中尤为重要。 本次课题以跨部门沟通为主，着重分析跨部门沟通中遇到的问题障碍，以及行之有效的对策技巧。通过体系化的学习和分析，识别职场中频繁发生这一现状的本质原因，深入学习跨部门沟通七大对策，提高企业内跨部门的沟通效率，改善运营效率。
课程目标
通过 2 小时的学习和演练，学习者能够获得以下三点知识。 •能够描述跨部门沟通的概念。 •能够区分跨部门沟通常见问题的类型和障碍。 •能够运用跨部门沟通的对策并在角色扮演中实际应用。
课程结构
第一部分：什么是跨部门沟通 跨部门沟通概述 第二部分：跨部门沟通问题的类型与障碍 1. 跨部门沟通的常见问题分析 （1）分歧型 （2）回避型 （3）矛盾冲突型 2. 跨部门沟通的障碍 （1）跨部门沟通的个人障碍 （2）跨部门沟通的组织障碍 第三部分：跨部门沟通对策 跨部门沟通的七大对策 （1）培训与指导 （2）轮换岗位 （3）制定明确职责说明书 （4）调整组织结构 （5）优化企业流程 （6）倡导企业内部民主开放的沟通氛围 （7）建立信息化的沟通系统

4. 及时反思总结

在课程结束后，及时进行反思和总结是巩固所学知识的重要步骤。在笔记中记录自己的感受，需要回答以下问题。

其一，这堂课的核心是什么？是否完全理解这些重要概念和知识点？

其二，培训师的授课方式是否恰当？有没有从中学到有效的方法和技巧？

其三，对课程中哪部分感到困难或者难以理解？

其四，是否充分记录所学内容？是否可以改进？

其五，这堂课对我的影响是什么？如何运用这些知识和技能？

在总结过程中，我们还可以依据个人需求，制订相应的学习计划和行动计划，从而更有效地应用所获得的知识。举例来说，假设刚刚跟完了一门管理课程，可以在反思和总结的过程中，记录对不同管理理论的理解和应用情况。随后，制订一份详细的学习计划，在未来几个月内将通过阅读相关书籍、在企业中实践、参与相关活动等方式，深入学习和应用这些理论。

为了使跟课效率最大化，笔者制作了“跟课记录表”，仅供参考。

<table>
<tr><th colspan="4">跟课记录表</th></tr>
<tr><td>课程名称</td><td>销售技巧</td><td>培训日期</td><td>××××年××月××日下午2点—4点</td></tr>
<tr><td>培训师</td><td>×××</td><td>培训时长</td><td>2小时</td></tr>
<tr><td>课程概述</td><td colspan="3">本课程旨在帮助学员掌握有效的销售技巧，提高销售业绩。通过本课程的学习，学员将了解如何与客户建立良好的关系，掌握推销技巧，提高解决问题的能力，以及如何利用销售技巧实现业绩目标。</td></tr>
<tr><td>课程目标</td><td colspan="3">知识目标：
1. 了解销售的定义．特点及重要性。
2. 掌握销售的基本流程和技巧。
3. 学会分析客户需求．解决客户问题和处理客户异议的方法。
4. 熟悉销售谈判的基本原则和技巧。
5. 掌握销售成功的心理因素和积极心态。
技能目标：
1. 学会如何进行有效的销售沟通。
2. 掌握拓展销售渠道和维护客户关系的方法。
3. 掌握谈判和促销的技巧。
4. 学会如何协调销售与市场部门的工作。</td></tr>
<tr><td>课程结构</td><td colspan="3">第一课：销售基础
1. 了解销售的概念和定义
2. 掌握销售的基本流程和要素
3. 了解不同销售模式的优缺点</td></tr>
</table>

续表

跟课记录表			
课程名称	销售技巧	培训日期	××××年××月××日下午2点-4点
培训师	×××	培训时长	2小时
课程结构	第二课：与客户建立良好的关系 1. 掌握有效沟通技巧，建立信任 2. 了解客户的需求和心理 3. 学习如何处理客户的抱怨和反馈 第三课：销售技巧 1. 掌握推销技巧，如何吸引客户 2. 学习如何定价和报价 3. 了解如何引导客户做出购买决策 第四课：解决问题的能力 1. 学习如何识别和解决问题 2. 掌握如何处理复杂的销售情况 3. 了解如何与客户保持长期联系 第五课：利用销售技巧实现业绩目标 1. 学习如何制定销售目标和计划 2. 掌握如何跟进销售业绩 3. 了解如何利用销售技巧实现个人和团队的业绩目标			
笔记	1. 了解客户痛点，才能更好地解决客户的需求 2. 销售的过程中需要关注客户的心理变化，根据不同情况给予适当的回应 3. 适当运用幽默感可以改善与客户的关系 4. 提高销售技巧需要不断的练习和实践 5. 销售中的一些技巧可以适当借鉴其他领域的经验			
感想与反思	1. 学到了很多有关销售的知识，对自己的工作有很大的启发 2. ×××老师讲得很生动，但互动略显不足，有时会觉得有些枯燥 3. 课程内容有点抽象，还需要自己花时间去理解和应用			
学习收获	1. 学习了如何更好地与客户沟通和互动 2. 理解了销售技巧对于提高销售业绩的重要性 3. 掌握了一些实用的销售技巧，例如适当运用幽默感等			
需要进一步学习	市场分析和竞争对手分析——新产品的介绍和推广方法			

在跟课的过程中，需要注意以下几个方面。

（1）观察而非评判

在跟课中扮演的角色不是裁判或审核员，而是作为旁观者或学习者，以一种虚心的态度参与整堂课程，可以更清晰地观察课堂上的各种细节，比如培训师的教学方法，学员与培训师之间的互动状态等。

（2）提问和反馈

如果在跟课过程中遇到任何疑问或不明白的地方，不要犹豫，可以在课程休息或结束时向培训师提出问题，有助于更好地理解和掌握课程内容。跟课结束后，还可以提供相关反馈，比如跟课后的感受、学员的表现等。

二、撰写培训总结：从反思到成长，高质量培训总结撰写技巧

在日常工作中，培训专员需要在吸收培训内容的基础上撰写培训总结。一份出色的培训总结不仅有助于参与者更好地理解和吸收所学内容，还可以为未来的学习提供指导。根据笔者的经验，培训总结可以分为培训项目总结和综合总结（如月度、季度、半年度或年度总结）。

1. 培训项目总结

在每个培训项目结束时，必须提交一份培训总结或培训报告。这份总结可以从培训专员和学员两个不同的角度来编写。以培训专员角度撰写的培训总结，可以用作项目汇报，具体需要注意以下几点。

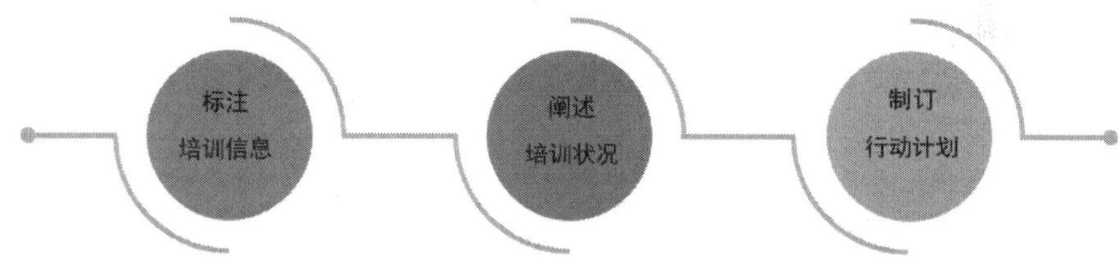

（1）标注培训信息

需要清晰地列出培训的基本信息，包括培训时间、地点、培训对象、培训师、培训主题等关键信息，以确保文档的完整性和可识别性。

（2）阐述培训状况

在总结中需要详细说明培训项目的整体状况，包括学员的考勤情况、培训目标是否达成、培训的考核方式与结果、不足之处（如突发状况或未达到预期的地方）、学员的反馈以及培训过程中使用的素材，例如学员的培训心得、课堂笔记、培训照片等。

（3）制订行动计划

针对培训项目中出现的问题或不足，培训专员需要提出制订的行动计划，包括如何改进和解决问题，以提高下次培训项目的质量。

为了更好地撰写培训总结，以下为笔者制作的培训总结表（一），仅供参考。

培训总结表（一）			
培训课题名称：			
课题参训情况			
培训时间		培训讲师	
培训地点		培训对象	
应参训人数		实际参训人数	
请假人员 及原因			
补训安排			
总结报告			
培训目标			
培训考核情况	实际达成情况： 与原目标差距：		
存在问题与原因			
具体改进措施			
参训者 意见反馈	综合评价： 提出建议： 培训转化措施：		
记录人：		日期：　　年　　月　　日	

以学员视角撰写的培训总结，可以用作个人知识梳理，促进行为转化。内容上与“跟课记录表”类似，在实践中具体需要注意以下几点。

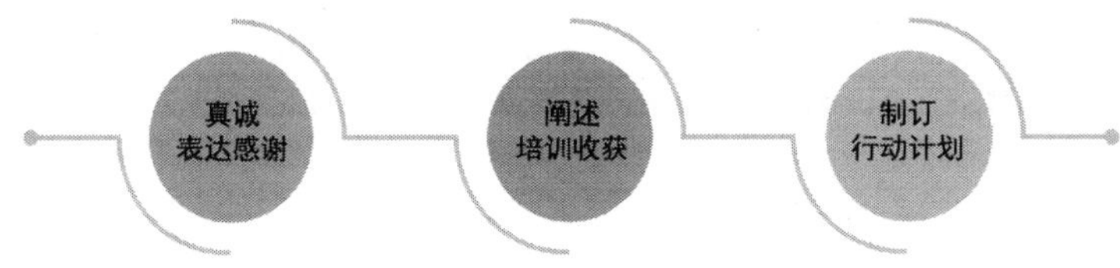

一要真诚表达感谢。学员的总结应以诚挚的感谢开头，感谢培训师和组织方提供的培训机会。

二要阐述培训收获。学员总结中需要详细描述他们在培训过程中的体验和成果。包括个人从培训中获得的知识、掌握的技能、态度上的变化等，通常着重介绍一至三方面主要的收获。同时，也要坦诚地提及在培训中感到欠缺的领域或课程未能满足的期望。

三要制订行动计划。鉴于个人在培训中可能感到欠缺的知识、技能或态度，学员需要制订明确的行动计划。这些计划应说明他们将如何继续学习和发展，以进一步提升自己。

为方便学员更好地撰写培训总结，以下为笔者制作的培训总结表（二），仅供参考（学员也可以参考“跟课记录表”撰写培训总结）。

<table>
<tr><th colspan="4">培训总结表（二）</th></tr>
<tr><td>培训名称</td><td></td><td>培训日期</td><td></td></tr>
<tr><td>培训地点</td><td></td><td>培训形式</td><td></td></tr>
<tr><td>培训讲师</td><td></td><td>培训学员</td><td></td></tr>
<tr><td colspan="4">掌握内容 / 培训心得：

行动计划：</td></tr>
<tr><td colspan="4">结论：

培训讲师：________ 时间：________</td></tr>
</table>

备注：此表由学员总结培训掌握的知识或心得，最后由培训讲师填写评价结论。

2. 综合总结

培训总结按时间周期可以划分为月度培训总结、季度培训总结、半年度培训总结、年度培训总结。综合总结通常由培训主管或管理人员来撰写，用于回顾和分析过去一段时间内的培训活动。这四种类型的描述逻辑基本一致，下面以年度培训总结为例，在撰写时需要注意以下几点。

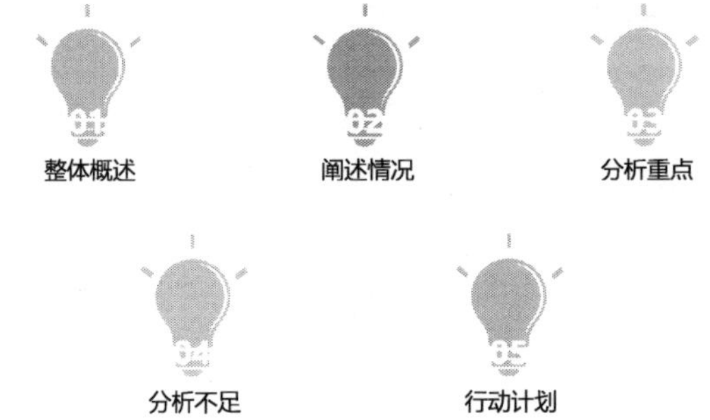

一要整体概述。总结文档应从整体的概述开始，回顾并概括过去一年的培训活动。

二要阐述情况。在年度培训总结中，需要以数据和事实来阐述培训情况。包括培训活动的数量、类型、参与人数、培训方式、培训内容、培训效果等。举例来说，可以明确指出本年度共举办了多少场培训、总培训人数是多少、这些培训可以分为哪些类型、每个类型的参与人数、培训后员工绩效提升的百分比，满意度调查结果等。

三要分析重点。在年度培训总结中，应选择重点培训项目并对其进行详细分析。强调一些成功的培训案例，说明它们对组织的积极影响和贡献，解释为什么选择了这些项目，它们的目标是什么，以及是否实现了这些目标。指出在过去一年中采用的新颖培训方法或取得的改进，以及它们对培训的积极作用。例如，一个针对特定类型员工的重要培训项目，应阐述该特定类型员工在企业中存在的价值，并强调该项目的效果和成就等。

四要分析不足。诚实地分析年度培训中的不足是关键。可能涉及流程上的问题、失误或未达到预期的结果。例如某个培训项目并没有如预期那样成功，需要指出原因，并探讨可能的改进措施。

五要行动计划。年度培训总结应包括行动计划，即对未来培训的改进计划。可以涵盖在已识别的不足方面采取的具体措施，以及如何提高培训活动的质量和效果。行动计划应具体明确，包括时间表和责任人。

为了更好地撰写年度培训总结，以下为笔者制作的年度培训总结示例，仅供参考。

年度培训总结

尊敬的领导、各位同事：

随着公司业务的不断拓展和发展，培训工作在竞争日益激烈的职场发展中变得越发关键。在过去一年中，公司注重员工的培训和发展，开展了多个培训项目，让员工在工作中不断提高自己的专业技能和综合素质。为了更好地反映培训工作的情况，特向领导和各位同事汇报公司 2023 年度的培训情况。

1. 培训人次

2023 年，公司举办了总计 24 场培训活动，涵盖了领导力、团队协作、销售技巧、职业规划等多个领域，共有 280 名员工参与培训。其中，男性员工占比 53%，女性员工占比 47%。在领导培训项目中共有 30 名员工参与培训，其中，基层管理者占比 80%，中层管理者占比 20%。

2. 培训方式

今年，我们采用了多样化的培训方式，以满足员工的不同需求。以在线培训和面授培训相结合，在线培训共计 12 场，参与员工达 180 人次，占总培训人次的 64%。面授培训共计 12 场，参与员工为 100 人次，占总培训人次的 36%。

3. 培训内容

本年度，公司的培训课程类型更加丰富，涵盖了多个领域。

（1）职业技能类：如“销售技巧”“管理能力提升”等。

（2）人际沟通类：如“跨部门沟通”“有效反馈”等。

（3）软技能类：如“时间管理”“高效学习方法”等。

（4）产品知识类：如“产品介绍”“客户服务技巧”等。

4. 培训项目

本年度，我们重点开展了以下培训项目。

（1）领导力培训：面向公司管理层和项目负责人的领导力培训，共计 6 场。培训内容涵盖领导力心理学、领导力行为、领导力沟通技巧等多个方面。参与人员在培训中提升了领导力素质，深化了对领导力的理解。

（2）团队协作培训：共计开展了 8 场团队协作培训，涉及沟通技巧、团队建设、协作思维等方面。参与人员通过培训，了解了如何有效地沟通和协作，提高了团队合作效率和成果。

（3）销售技巧培训：本年度公司共开展了6场销售技巧培训，涵盖了销售策略、客户关系管理、销售技巧等多个方面。参与人员通过培训，学会了如何有效地销售产品和维护客户关系，从而提高了销售业绩。

5. 培训师资质

本年度，公司对培训师的选拔标准更加严格，除了要求具备丰富的工作经验和相关知识外，还需要参加专业的师资培训，取得相关资格证书。经过审核和评估，我们培养了30位合格的兼职培训师。

6. 培训效果

为了更加客观地评估培训效果，我们进行了考核测试，测试内容覆盖了培训的核心知识点。测试结果如下：

（1）考试合格率：280名员工中，有90%的员工通过了考试，较去年同期提高了5%。

（2）应用能力提升：根据员工的日常工作表现和主管反馈，我们注意到员工的相关技能和能力得到了有效提升。

7. 培训反馈

我们高度重视员工的培训反馈，因此在每次培训结束后，我们都会邀请员工填写培训反馈表。根据反馈表的结果，我们了解到：

（1）员工对培训内容的满意度较高，包括课程设计、教学内容、教学方法、教学速度等，平均分达到了4.5分（满分5分）。

（2）员工对培训师的评价也非常高，包括讲师的专业知识、教学技巧、教学态度、互动能力等，平均分达到了4.6分（满分5分）。

（3）员工对培训环境和培训管理的满意度较低，包括教学设施、场地布置、噪声干扰、休息时间、培训组织者的服务态度等，平均分为4.0分（满分5分）。

（4）高达80%的员工认为培训对于提升工作能力非常有帮助。

8. 优化改进

为了不断提升培训工作的质量，我们将采取以下措施。

（1）内容优化：根据员工的反馈和培训效果评估，我们将进一步优化培训内容和知识点，确保其实用性和适用性。

（2）师资培训：我们将为培训师提供更多的授课培训，以提高他们的授课能力和教学质量，确保培训效果的不断提升。

（3）环境与运营优化：我们将更新教学设施，避免因硬件问题影响教学效果。合理安排休息时间，避免课程排期过于紧密，造成学习负担。

总结：

通过本年度的培训工作，我们取得了令人振奋的成果。在未来，我们将继续改进培训课程的质量和类型，提高培训师的专业水平，不断优化培训效果和反馈机制，为员工的职业发展提供更好的支持。

本书描述的培训总结呈现方式是文档。除了以文档形式呈现外，还可以使用PPT或H5等方式进行展示。在制作PPT或H5时，应该注重内容的简洁明了和视觉效果。可以使用图表、图形或数据可视化工具来展示相关数据和结果，以便更直观地呈现培训效果。例如，可以使用柱状图或饼图来展示学员的学习情况、知识掌握程度等；可以使用折线图来展示学员的进步程度、技能提升等。

在项目进程中，参与者应该有意识地收集与项目相关的各种素材，包括照片、视频、音频等。这些素材可以记录下培训的过程、学员的表现以及培训效果等，为培训总结的呈现提供丰富的材料。例如，可以拍摄学员参与培训的照片，记录下他们的学习情况和表现；可以录制学员的实际操作视频，展示他们在培训后的技能提升程度；还可以录制学员的反馈和评价，以供后续的培训总结使用。具体内容可以参考第一章“拍摄培训过程：精彩留存，培训全流程素材保留”。

三、担任培训助教：从课前到课后，全方位提升培训效果

在培训的舞台上，培训师是知识的传授者，而培训助教则是默默支持这个知识传递过程的幕后英雄。培训助教不仅需要在培训前精心准备相关事项，确保一切就绪，还要在培训中默默地为学员提供支持和协助，在培训结束后进行总结和反馈。他们是培训团队中不可或缺的一部分，为培训的顺利进行和学员的学习体验贡献了巨大的力量。接下来，笔者将从培训全流程（即培训前、培训中、培训后）阐述培训助教应该执行的动作。

1. 培训前

（1）熟悉课程内容

培训助教在培训开始前可以详细了解培训师的教学计划和课程大纲，包括课程的时间安排、学习目标以及可能出现的问题和难点，咨询培训师是否方便提供课程大纲、PPT 等材料。提前了解课程内容可以帮助培训助教更好地为学员提供支持和指导，确保培训进程顺畅。

（2）检查培训设备

无论是外部培训还是内部培训，培训助教都需要在培训前预留足够的时间检查和测试所有必要的培训设备，包括音响系统、投影仪、电脑、网络连接等。通常提前半天或一天进行调试，播放培训师的 PPT、视频素材、音频素材等，可以降低培训中发生技术故障的概率，保障教学流程的连贯性。

（3）检查课室环境

为了提供良好的学习环境，培训助教需要提前准备课室。包括设置签到处，按照培训师的要求摆放桌椅，准备好教材、教具和其他学习资料等。

（4）培训开场主持

如果培训助教的角色包括主持培训开场，那么需要提前准备开场主持词并进行多次演练。开场主持词应包括主持人自我介绍、欢迎学员、宣布课堂纪律、引出课程价值、介绍培训师。这有助于培训的顺利开始，让学员明白培训的流程和目标。

2. 培训中

作为“培训助教”的身份参与课堂，其职责是确保培训课程的顺利进行，为学员提供支持和协助。关注的重点不是培训师所讲授的内容，而是组织课堂秩序、解答学员问题、传递麦克风、拍摄培训过程和培训串场主持。

（1）组织课堂秩序

培训助教应协助培训师维护课堂秩序，包括明确培训纪律，确保学员知晓课堂规则，以及处理可能干扰其他学员学习的情况。如果有学员的行为影响了其他学员的学习状态，虽然培训师具备一定的控场技巧，但有时培训师在台上不方便提醒这位学员，这时培训助教需要靠近该学员，给予其适当的提醒。总之，一切影响培训课堂顺利进行的不利因素，都需要培训助教协助去消除。除此之外，培训师在开展各项教学活动的时候，会设定时间限制，比如倒计时 5 分钟，培训助教需要在规定的时间节点提醒授课老师，控制时间。

（2）解答学员问题

培训助教应准备好回答学员提出的问题。一般来说，学员有问题首先会问培训师，但是在学员人数比较多的情况下，学员可能会向培训助教提问，而不是直接向培训师提问。因此，培训助教需要提前熟悉课程内容，以便能够提供准确的答案。如果培训助教不清楚答案，应该坦诚地表示不清楚，并告知学员等待培训师的回答或承诺稍后提供答案，然后向培训师寻求帮助。因为有些培训助教是临时性地协助培训师开展教学活动，对于学员提出的各种问题，并不一定能通过培训前的准备，给予正确的回答。

（3）传递麦克风

在课程中，培训师会采用多种教学方法，比如提问法、小组讨论法、角色扮演法等，需要学员发言或回答问题。培训助教应及时将麦克风传递给发言的学员，避免打断培训师的节奏，确保他们的声音被清晰地传达给全体学员。在传递麦克风时，要注意电量是否充足，为表示尊重，可以使用双手传递。

（4）拍摄培训过程

如果没有专门的项目助理跟进培训项目，培训助教可能需要协助拍摄培训过程中的相关素材，如学员的互动、课堂氛围和关键时刻。这些素材可用于后续的培训总结或宣传材料。

（5）培训串场主持

在课间休息结束后，培训助教可能需要协助串场主持，包括回顾课程内容、通报课程进度、鼓励学员等，帮助学员回到课堂状态。

3. 培训后

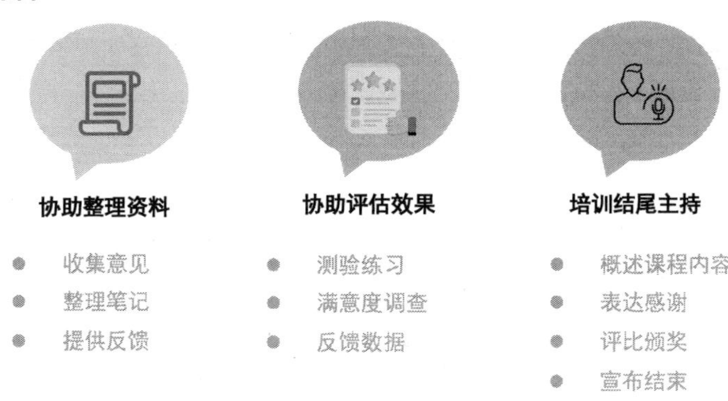

（1）协助整理资料

培训助教需要在课程结束后协助整理相关资料，记录本堂课程中学员的学习情况，包括学习的内容、遇到的问题、学习效果等。收集并整理学员的笔记，从课堂组织，运营角度思考课程的亮点和不足之处。这些资料可以帮助培训师更好地了解学员的学习情况和培训的效果。整理完成后，培训助教应向培训师提供反馈，从而帮助培训师改进接下来的课程。

（2）协助评估效果

根据“柯氏评估模式”，培训师通常会在培训结束后进行培训效果评估。培训助教需要协助培训师进行课后测验或练习，帮助学员检查答案并辅助讲解。此外，培训助教还可以协助制定学员满意度调查问卷，收集和整理学员的反馈意见，并对学员反馈的数据进行分析。

（3）培训结尾主持

培训结束时，培训助教需要发挥主持作用，包括概述课程内容、表达感谢、评比颁奖、宣布结束。可以组织学员拍摄大合影，留下美好的培训回忆。

为了便于更好地开展相关工作，笔者制作了培训助教辅助表，仅供参考。

培训助教辅助表			
课程名称		**培训师**	
阶段	**任务**	**完成情况**	**备注**
培训前	熟悉课程内容 （课程安排、课程目标、PPT 等）	□已完成 □未完成	
	检查培训设备 （音响、投影仪、电脑、网络等）	□已完成 □未完成	
	检查课室环境 （签到处、布置桌椅、学员教学资料等）	□已完成 □未完成	
	培训开场主持 （根据课程内容撰写）	□已完成 □未完成	
培训中	组织课堂秩序 （强调纪律、注意学员、提醒时间）	□已完成 □未完成	
	解答学员问题 （实事求是、正确回答）	□已完成 □未完成	
	传递麦克风 （及时传递，电量充足）	□已完成 □未完成	
	拍摄培训过程 （拍照、录像）	□已完成 □未完成	
	培训串场主持 （调整状态、回归课堂）	□已完成 □未完成	
培训后	协助整理资料 （收集意见、整理笔记、反馈数据）	□已完成 □未完成	
	协助评估效果 （测验练习、满意度调查，反馈数据）	□已完成 □未完成	
	培训结尾主持 （拍摄大合影）	□已完成 □未完成	
助教		日期	

第三章　岗位进阶角色——候选培训师

一、调研培训需求：精确分析，建立培训需求识别机制

在培训领域，有一句经典的说法："培训第一步，需求先入目。"这句话的意思是培训活动应该始于培训需求，即特定岗位的标准与任职者现有综合素质之间存在差距，培训的动力和方向应该来自员工综合素质不符合预期的问题，这些问题可以源自企业内部、特定部门、员工，或客户。因此，培训需求调研成为企业培训的关键起点，也是评估和发展培训计划的基本工具。

那什么是培训需求调研？培训需求调研是一项系统性的调查和分析过程，在开展培训之前深入了解组织和受训人员的现状、培训需求以及他们对培训的期望，从而制定出具有针对性的培训计划。通过培训需求调研，可以了解组织和受训人员的实际需求，从而提高培训的效益和实用性。

培训需求调研是非常重要的基本功，通用的步骤如下。

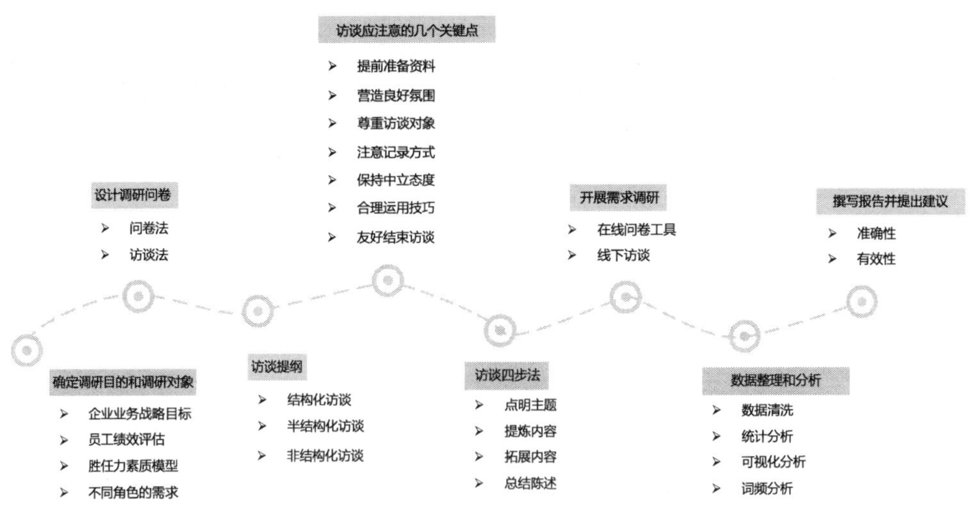

1. 确定调研目的和调研对象

在进行培训需求调研前，需要明确调研的目的和对象。通俗地讲，就是了解培

训需求从哪里来？为什么要开展培训需求调研？在企业中，培训需求来源包括以下几个方面。

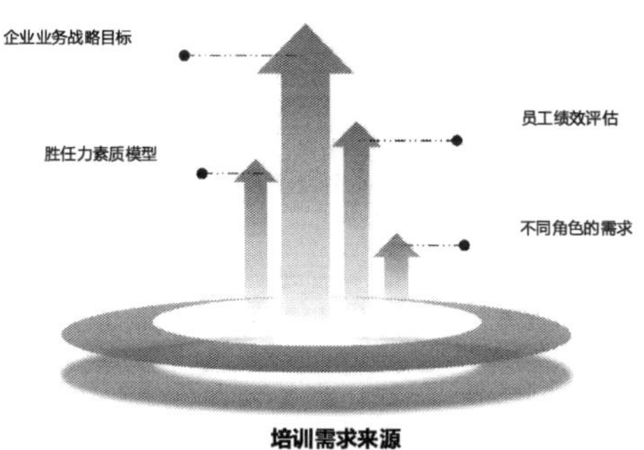

培训需求来源

（1）企业业务战略目标

企业通常根据其业务战略目标来确定员工需要提升的技能、知识和态度。这些目标可能需要员工具备新的专业技能或适应变化中的市场需求，从而推动业务发展。培训是实现这些战略目标的关键手段之一。然而，培训专员通常不具备解析企业业务战略的技能，因此需要与直接上级交流，明确培训战略目标。在某些情况下，可能需要通过调研访谈等方式与企业高层领导沟通，从而了解企业业务战略及对培训的期望要求。

（2）员工绩效评估

员工的关键绩效指标展示了该员工在当前阶段的工作重点，可用于衡量员工在特定工作阶段的表现和达成的目标情况。通过绩效评估可以识别员工在工作中可能存在的不足，特别关注在哪些方面表现出色的员工，以及哪些方面存在改进的空间，从而识别培训需求。这一过程通常需要与人力资源部门的相关同事或员工的直接上级进行密切合作，从而了解员工表现的更多细节和获取更广泛的绩效数据。

（3）胜任力素质模型

胜任力素质模型是指担任某一特定的任务角色所需要具备的胜任特征的总和，它是将一系列能力、知识、技能、行为和特质结合在一起的综合性框架。企业针对每个岗位都会设置岗位的胜任力素质模型，这些模型通常由企业的人力资源部门或专业机构开发。培训专员可以根据员工实际能力与胜任力素质模型要求的能力之间的差距，确定培训需求。

（4）不同角色的需求

培训需求可以来源于多个角色。

①员工个人需求。员工通常会意识到他们在特定领域或技能方面存在不足，并希望通过培训来提升自己。例如，员工可能觉得自己在语言表达方面有改进的空间，因此，培训部门可以为其开发关于职场沟通表达的课程，满足他们的个人需求。

②直属上级的需求。直属上级通常对员工的表现有高度的关注。如果上级觉得员工在某个领域需要改进，他们可以提出相应的培训需求。例如，上级可能认为员工在有效分配工作时间的能力上有所不足，因此，培训部门可以开展关于时间管理的课程，从而满足上级的需求。

③客户的需求。客户与员工互动的过程中，对员工的表现提出了建议或批评，这也可以成为确定培训需求的重要依据。例如，客户发现员工在商务礼仪方面有改进的空间，为避免影响企业形象，培训部门可以根据与客户对接的实际场景开发商务礼仪的课程，以确保员工在客户互动中表现出色。

④下级员工的需求。对于管理层来说，下级员工的需求也很重要。每个人都在不断地学习和成长，如果下属认为他们的领导在团队管理和领导能力等方面存在不足之处，培训部门可以系统评估，多方调研，提供中层干部管理和领导技能的培训。

在确定企业的培训需求时，首先，要考虑企业的业务战略目标。企业的战略目标是公司长期发展的指引，因此培训需求应与公司的战略目标相一致，确保培训计划能够支持公司的整体发展方向。其次，应考虑员工绩效评估。通过有针对性的培训，帮助员工缩小技能差距，提升绩效水平，使其能够更好地胜任岗位职责。最后，考虑胜任力素质模型的需求。基于这些模型的识别结果，可以指导培训的方向，以确保员工具备岗位所需的专业能力和素质。其他角色作为补充需求。这样的顺序安排可以确保培训计划更加有针对性和有效性，有利于提升企业整体的竞争力和绩效水平。

XYZ 制造公司培训需求调研

XYZ 制造公司是一家中型制造企业，专注于生产高质量的电子产品。最近，公司的管理层注意到生产效率下降，产品质量不稳定，员工投诉率上升。为了应对这些问题，管理层决定进行一次全面的培训需求调研，以提高员工的知识和技能水平。培训部门首先与管理层共同明确了调研的目的，即提高员工综合素质以解决生产效率下降和质量不稳定的问题。调研对象包括部门经理、生产主管和生产线员工。

1. 企业业务战略目标：培训部门与高级管理层会面，了解了公司的业务战略目标。他们发现公司计划扩大市场份额，同时提高产品质量和降低生产成本。这需要员工具备更高的生产技能，因此，培训需求涉及改进生产流程的技能和质量控制的知识。

2. 员工绩效评估：培训部门与人力资源部门合作，分析了员工的绩效评估数据。他们发现员工在一些关键技能方面表现不佳，如设备维护、质量检查和生产计划。这成为培训的一个关键焦点。

3. 胜任力素质模型：该企业尚未建立岗位胜任力素质模型，无法提供参考标准。

4. 不同角色的需求：培训部门组织了座谈会。生产线员工提出了他们在操作新设备和应对质量问题时的需求，部门经理关注员工的沟通技能，而生产主管则强调生产计划和团队管理。

培训部门根据收集到的以上信息制订了培训计划。计划包括了一系列课程，如新设备操作培训、质量控制流程改进培训、领导力发展培训以及沟通技巧提升课程。每个课程都针对员工的需求，以提高他们在特定领域的能力和知识水平。

2. 设计调研问卷

在企业中，有多种方法可识别培训需求，包括问卷法、访谈法、观察法、关键事件法、绩效分析法及头脑风暴法等。其中最常见且最常用的是问卷法和访谈法，培训专员需要了解如何设计有效的调研问卷。

为了便于读者选择合适的调研方法，笔者从数据收集方式、信息量、问题类型、资源消耗、适用情境五个维度阐述了问卷法和访谈法的区别，仅供参考。

维度	问卷法	访谈法
数据收集方式	问卷表格，由受访者自行填写，受访者通常能够匿名填写，更容易坦诚回答问题	面对面或电话等方式，由研究员或访谈者进行，面对面访谈通常不具备匿名性，可能影响受访者的坦诚率
信息量	可以收集大量数据，适合进行量化分析，但通常难以获得深度和细节的理解	信息更为详细和深入，适合质性分析
问题类型	通常包括封闭性问题（选择题、判断题等），问题通常是固定的，难以根据受访者的回答进行深入追问	可以包括开放性问题，需要受访者详细描述观点和经验，研究员可以灵活根据受访者的回答进行深入探讨
资源消耗	相对较低的资源需求，适用于大规模应用。调研周期较短，数据收集和分析相对迅速	相对较高的资源需求，包括时间和人力资源。调研周期较长，需要更多时间来安排和进行访谈
适用情境	适用于大规模需求调研，涵盖大量受访者，可以快速了解受访者的一般看法	适用于小规模调研，样本相对较少，可以深入理解受访者的个性化需求和经验

问卷法是一种通过一系列问题的调查表来测量人们行为和态度的心理学研究方法。在企业中，问卷通常用于收集员工的反馈和意见，从而发现培训需求。要设计一个有效的调研问卷，需要注意以下几个方面。

（1）个人信息

问卷的开头通常需要填写一些个人信息，如年龄、性别、职业、学历等。这有助于将填写者进行分组分析以了解不同群体的需求。为了保护隐私，建议仅收集与调研问题相关的信息，不收集敏感信息，如手机号码或身份证号码等。

（2）问题描述

问卷中的问题应清晰明了，以便填写者能够准确理解。最好通过场景化的描述使问题具象化，让填写者能够在实际情境中思考。例如，你是否曾经遇到过以下问题？（多选）a. 需要与不同部门的同事协同工作，但是经常发生沟通不畅或者误解的情况。b. 在工作中需要用到一些特定的软件或工具，但是使用方法没有得到很好的培训。c. 需要经常面对大量的数据分析和处理工作，但是缺乏相关技能。d. 其他（请具体描述）

（3）问题类型

调研问卷中常见的问题类型包括单选题、多选题、判断题和开放式问题等。需要根据调研的目的选择合适的问题类型。此外，问卷中的问题数量不应过多，以免填写者感到疲劳，从而影响填写质量。对于样本较大的情况，要尽量减少开放式问题，因为这些问题的数据分析流程较为复杂。

（4）问题顺序

问卷中的问题应按照一定逻辑顺序排列，或按照难易程度排列，以使填写者能够更容易理解和回答。逻辑清晰的问题顺序可以提高填写者的积极性和参与度。

（5）问卷结尾

问卷的结尾应包括一份感谢声明，也可以放在问卷的开头，向填写者表达感激之情，并简要解释调查的目的和重要性。如果条件允许，可以考虑提供一定的奖励以激励填写者参与。在结尾部分，还应该包括一项承诺，保证填写者的个人信息和答案将被保密，同时明确数据的使用目的和范围。

为了更形象地展示调研问卷的形式，以下提供一个案例，仅供参考：李老师刚入职一家科技公司，公司领导要求李老师立马开展培训课程，但并未对需要培训的内容加以限定，只要求提升员工能力。为了摸清企业员工培训现状，李老师制作了一份培训需求调研表，以了解员工的基本培训需求。

培训需求调研表			
为了确定哪些内容对提升您当前的工作绩效最有帮助，需要您填写此表，请在对应内容后的相应位置，根据需要程度用√表示您的需求情况。			
培训内容	迫切需要	需要	不需要
规章制度			
安全知识			
工作流程			
沟通技巧			
团队协作			
制订计划			
绩效评估			
市场营销			
财务管理			
产品开发			
战略规划			
决策制定			
组织设计			
人力资源管理			
市场分析			
政策解读			
科技创新			
项目管理			
冲突解决			
情绪管理			
员工激励			
有效授权			
薪酬设计			
办公软件应用			
其他需要培训的内容 （1） （2） （3）			

当培训师收集到表格数据后，可以对数据设定分值，比如对“迫切需要”设定为 2 分，“需要”设定为 1 分，“不需要”设定为 0 分。随后对参训人员所得的分值相加，就可以得到一份反映该群体培训需求重要程度的排序表。假设根据调研数据，排名第一的培训需求是沟通技巧，并列第二的是办公软件应用和工作流程，排名第

四的是情绪管理。培训师即可根据调研结果设定培训目标。

上述表格除了可以调研参与学员群体以外，还可以通过调研其直属上级，间接反映下属的培训需求。这时候就需要对表格进行额外的说明：为了确定哪些内容对提升您下属当前的工作绩效最有帮助，需要您填写此表，请在对应内容后的相应位置，根据需要程度用√表示您下属的需求情况。

3. 访谈提纲

访谈法是以口头形式，根据访谈对象的答复搜集客观的、不带偏见的事实材料，深入了解访谈对象想法、感受和经验的调研方法。根据访谈的标准化程度，分为结构化访谈、半结构化访谈和非结构化访谈。三者的根本区别就是有没有标准程序，是否具备访谈提纲要素。

（1）结构化访谈

结构化访谈是指根据预定的问题顺序进行的一种问答形式的访谈，访谈者和受访者在事先设计好的问题框架内进行交流。每个受访者都回答相同的问题，通常可以通过数字化处理对信息进行统计分析，具有较高的可比性和数据分析价值。结构化访谈能够产生量化数据（例如，以百分比或分数表示的答案），以及非量化数据（例如，文字描述的观点或经验）。

新员工培训是指给企业的新雇员提供有关企业的基本背景情况，使员工了解所从事的工作的基本内容与方法，使他们明确自己工作的职责、程序、标准，并向他们初步灌输企业及其部门所期望的态度、规范、价值观和行为模式等，从而帮助他们顺利地适应企业环境和新的工作岗位，使他们尽快进入工作角色。为了优化企业新员工项目，某企业开展了员工访谈，以下是访谈提纲样表，仅供参考。

培训内容	记录
你觉得公司在新员工培训方面做得好的地方是什么？	
你最希望在新员工培训中学到哪些知识和技能？	
你觉得公司在新员工培训方面还有哪些需要改进的地方？	
培训方法	**记录**
你的培训是通过什么方式进行的？	
你认为采用的培训方法对您的学习和理解有帮助吗？	
你认为是否有其他培训方法或工具可以改进新员工培训？	
培训效果	**记录**
培训后，您是否感到更有信心履行工作职责？请解释。	
你认为新员工培训的效果应该如何评估？	

续表

总体反馈	记录
总体而言，你对新员工培训的满意度如何？	
你觉得公司在新员工培训中应该提供哪些支持和帮助？	
你有什么其他想要补充的建议和意见吗？	

（2）半结构化访谈

这是介于结构化访谈和非结构化访谈之间的一种访谈形式。半结构化访谈通常有一份针对性问题清单，但是访谈人员可以根据被访者的回答自由发挥，进行更深入的追问。这种形式的访谈兼顾了问卷法的标准化和访谈法的灵活性，能够在保证问题一致性的同时，让访谈人员充分了解被访者的观点和感受。半结构化访谈适用于对某个主题的深度探究，如对某种行为模式的原因进行探讨，或者对某个领域的专家进行访谈，了解他们的经验和知识。

（3）非结构化访谈

这是一种自由度较高的访谈形式，通常没有固定的问题列表或特定的顺序。在非结构化访谈中，访谈者可以根据被访者的回答和讨论的进度，自由地提出问题或追问。这种访谈方法的优势在于它有助于访谈者更深入地了解被访者的真实思想和感受，同时也具有灵活性，不受预设问题的限制。然而，非结构化访谈也存在一定的风险，比如由于缺乏预设问题，非结构化访谈可能导致信息的偏差，访谈者的主观性和个人偏好可能会影响问题的选择和回答的解释。因此，访谈者需要具备较高的专业技能和经验，在访谈中保持客观性和中立性，灵活应对各种情况，并引导访谈朝着有意义的方向发展。由于访谈内容可能多样化且丰富，整理和分析非结构化访谈数据可能更为复杂和耗时。

4. 访谈应注意的几个关键点

在访谈的过程中，访谈者需要注意以下几个关键点，以确保访谈的顺利进行。

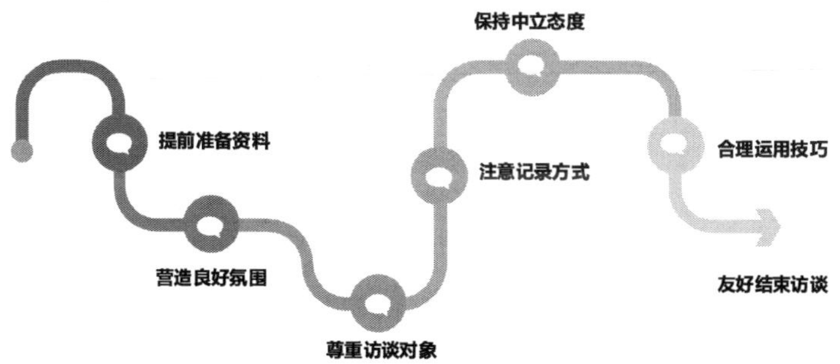

（1）提前准备资料

在进行访谈之前，访谈者应该对访谈对象和访谈主题有充分的了解和准备，比如熟悉访谈对象的背景和访谈问题的背景，根据需要制定好访谈提纲或访谈问题清单，并准备好记录工具。

（2）营造良好氛围

访谈者应该在开始访谈前与访谈对象进行简单的交流，打破陌生感，让访谈对象感受到友好和亲切，这有助于建立信任和舒适感，从而促进更开放和深入的讨论。

（3）尊重访谈对象

访谈者应该尊重访谈对象的感受和意见，不要刻意引导或者干扰访谈对象的回答，要充分尊重访谈对象的自主性和隐私。

（4）注意记录方式

访谈者应该选择适合自己的记录方式，可以是录音、笔记或电子记录等。无论采用何种方式，都要确保记录的完整性和准确性，捕捉访谈的核心信息。

（5）保持中立态度

访谈者应该尽可能保持中立，避免在访谈中表达自己的意见或对访谈对象的回答进行评价，不应该有偏见或者预设观点，以便获得客观的结果。

（6）合理运用技巧

在访谈的过程中，访谈者可以采用一些合理的访谈技巧，比如倾听、提问、反馈等，来促进访谈对象的参与和深入交流。

（7）友好结束访谈

当访谈主题讨论完毕后，访谈者应该对访谈对象进行感谢，并告知访谈记录的用途和处理方式，以及保护访谈对象的隐私。同时，要确保访谈记录的安全存放，不被未经授权的人访问。

5. 访谈四步法

为了方便开展需求调研访谈，笔者制作了“访谈四步法”工具表，仅供参考。

（1）点明主题

在访谈开始时，访谈者首先应向访谈对象表示诚挚的感谢，感谢他们抽出时间参与访谈。同时，明确阐述本次访谈的主题，为何进行这次访谈，访谈结果将如何被使用，以及告知访谈对象本次访谈预计的时间长度，确保他们能够做好时间安排。

（2）提炼内容

根据访谈主题邀请访谈对象分享与主题相关的观点、经验，最好能够用案例说明，特别是企业内部的案例更有参考意义。访谈者需要引导访谈对象深入思考问题的本质，透过现象看本质，提炼出方法论或具体的操作流程。

（3）拓展内容

访谈对象分享的内容通常是已经解决的问题，访谈者的任务是深入挖掘，了解在解决这些问题的过程中可能遇到的难点和挑战。基于访谈对象的能力水平，这些问题显得相对简单。访谈对象可以分享在新手阶段遇到这些问题时的处理经验，最好能提供实际例子证明。

（4）总结陈述

在访谈接近结束时，访谈者应该对本次访谈内容进行简要总结和确认，确保没有遗漏重要信息，访谈对象可以对总结提供反馈。访谈者应再次向访谈对象表示感谢，强调他们的参与对于研究和解决问题的重要性。如有必要，访谈者可以将本次访谈的记录整理成文件，并发送至访谈对象的邮箱或私信，以供他们参考。

访谈四步法		
步骤	**参考内容**	**记录**
点明主题	×× 老师，您好，感谢您接受我们的邀请，我是 ×××，很高兴能坐在这里跟您聊一聊关于 ×× 的话题。接下来大概需要花费 × 小时的时间，本次的访谈内容将会对我们 ××× 的工作提供内容支持，我们将用于 ×××	
提炼内容	×× 老师，您能否分享一下对 ××× 的看法？关于您刚刚所说的内容，在您的职业生涯中，是否遇到过类似的事情，能否举个例子？您遇到了 ××，是如何处理的？您刚刚所说是通过了 1.×××；2.××× 把问题解决了。	
拓展内容	从您的分享中可以看出您具有丰富的实战经验，但是不一定每个人都能像您一样，如果您是一名新手，您觉得该如何处理 ×××？在 ×× 中遇到的难点是什么？能否举个例子说明？	
总结陈述	×× 老师，刚刚经过 × 个小时的沟通，咱们聊了 ××× 这些内容，非常感谢您的分享，针对刚刚的记录，我总结了您处理 ×× 问题的方法，分别是 ××××，请问我说的对吗？非常感谢您，我们的访谈到此结束。	

6. 开展需求调研

在进行调研时，调研者需要确保调研对象能够充分理解问题，这比较考究调研者设计调研问卷和开展调研访谈的能力。在收集调研问卷时，可以使用专业的在线问卷工具，如问卷星、金数据等，可以帮助调研者统计数据，并减少数据输入错误的可能性。访谈在线下进行比较合适，一是访谈者可以更好地捕捉访谈对象的情感状态、语言逻辑和非言语信息，二是隔着屏幕或手机，容易让访谈对象产生被拷问的感觉，不利于访谈的进行。

7. 数据整理和分析

完成调研后，调研者需要整理分析收集到的数据，它能够帮助调研者更好地理解数据中蕴含的信息和洞察，提炼出有效的结论和建议。以下是一些常用的整理和分析数据的方法。

（1）数据清洗

对数据进行初步清洗和整理，例如去除重复值、空值、异常值、筛选出有效数据等，提高数据的完整性和准确性，为后续分析作好准备。

（2）统计分析

使用统计学方法对数据进行分析，例如可以计算平均值、中位数、标准差等指标，运用描述统计、假设检验、回归分析等。可以探究数据之间的关系和趋势，提取有价值的信息。

（3）可视化分析

使用图表、图形等可视化工具对数据进行分析和展示，例如折线图、柱状图、散点图等。可以使数据更加直观、易懂，有助于发现问题和提取结论。常见的数据分析软件有 Excel、SPSS 等。

（4）词频分析

对文本数据进行分析，例如使用词频分析工具分析文本中出现频率最高的词汇和主题。这可以帮助访谈者了解受访者对某个话题的关注点和态度。

8. 撰写报告并提出建议

根据调研结果，撰写调研报告，提出相应的建议。报告应尽量简明扼要，同时要确保内容翔实准确，便于领导或相关人员理解和参考。

员工 Excel 使用情况调研报告

背景介绍：Excel 作为一种重要的办公工具，被广泛用于企业的各个部门。然而，尽管 Excel 的功能强大，但许多员工对其功能和企业内部的实践不够了解，导致在工作中可能会出现问题和困难。因此，我们进行了一次员工在部门内使用 Excel 的调研，以了解员工在 Excel 使用方面的需求和问题，为后续的培训和支持提供依据。

调研方法：采用问卷调查的方式进行，问卷共包括 15 个问题，涵盖员工对 Excel 的使用频率、使用范围、使用熟练度、使用的难点等多个方面，以深入了解员工在 Excel 使用方面的情况。

1. 调研结果

（1）问卷样本为 200 份，有效问卷 195 份，有效率为 97.5%。

（2）Excel 使用频率：超过 90% 的员工每周使用 Excel 5 次及以上；60% 的员工每周使用 Excel 10 次及以上。

（3）Excel 使用范围：超过 80% 的员工使用 Excel 进行过表格处理，使用最广泛的功能为数据筛选和排序。

（4）Excel 使用熟练度：超过 60% 的员工认为自己对 Excel 使用熟练度较高，但是也有 10% 的员工认为自己对 Excel 使用不熟练。

（5）Excel 使用的难点：员工使用 Excel 的难点主要体现在以下几个方面。

①公式的使用：超过 60% 的员工表示对 Excel 中的公式不是很了解，也不太会使用。

②图表的制作：超过 50% 的员工表示不太会制作 Excel 中的图表，希望可以学习相关知识。

③条件格式的应用：有 30% 的员工表示不太了解 Excel 中的条件格式应用。

④数据透视表的制作：有 20% 的员工表示不太会制作 Excel 中的数据透视表。

2. 通过本次 Excel 使用情况调研，我们获得了以下结论

（1）员工对 Excel 的使用频率较高，但使用范围和熟练度存在差异。

（2）员工普遍在 Excel 使用中遇到了公式、图表、条件格式和数据透视表等难点。

3. 基于这些结果，我们提出以下建议

（1）针对员工普遍存在的 Excel 难点，组织相关的培训和支持活动，以帮助员工更好地使用 Excel，提升工作效率和质量。

（2）在培训中，需要根据员工的使用需求和实际情况，设计有针对性的课程内容，让员工能够通过培训学习到 Excel 的具体用法，并在实际工作中解决问题。

二、体验培训授课：科学选课，拆解企业培训课程体系

通常情况下，进入培训行业的新人往往从事培训辅助工作，比如收集培训资料等。然而，企业对培训专员的要求越发苛刻，逐渐要求该岗位需要具备一定的课程开发和培训授课能力。因此，培训专员需要面对三个关键问题：课程是如何产生的？企业课程体系如何划分？哪些领域适合培训专员授课？

“课程”一词始见于唐宋时期。唐朝孔颖达在《五经正义》里为《诗经·小雅·巧言》中“奕奕寝庙，君子作之”一句注疏：“维护课程，必君子监之，乃得依法制也。”意思是对于教育制度、教学课程的安排、执行，一定要有智慧、有德行的人来掌管，才能够依照法度（正确之法和自然之法）来保持和执行。这里课程的含义与我们通常说的课程的意思相差甚远。

在西方世界里，课程（Curriculum）一词最早见于英国教育家斯宾塞《什么知识最有价值？》（1859）一文中。它是从拉丁语“Currere”一词派生出来的，这个词最早被用于描述“跑步的轨迹”或“赛道”，后来引申为“跑步比赛”或“竞赛”。在教育领域，它开始用于描述学习的进程或计划，类似于一场学术的“比赛”。后来逐渐演变成指代一系列学科或课程的集合，这些课程共同构成了一个学位计划或教育体系的一部分。

在现代教育领域，课程是指一组经过组织和安排的学术、技术或职业课程，旨在满足特定教育目标和培养特定技能或知识。它可以包括课程大纲、教材、课程安排和评估方法等，确保学员在学习过程中接受系统的教育。课程设计旨在提供有组织、有目标的学习体验，帮助学员掌握特定领域的知识和技能。

课程的类型是指遵循一定的标准划分的课程种类。由于人们划分课程类型的标准不尽相同，因而形成的课程类型也不一样。根据课程内容自身固有的属性，课程可以分为学科课程与活动课程，这是现代课程的两个基本类型。那么在企业中，课程体系又是如何划分的呢？

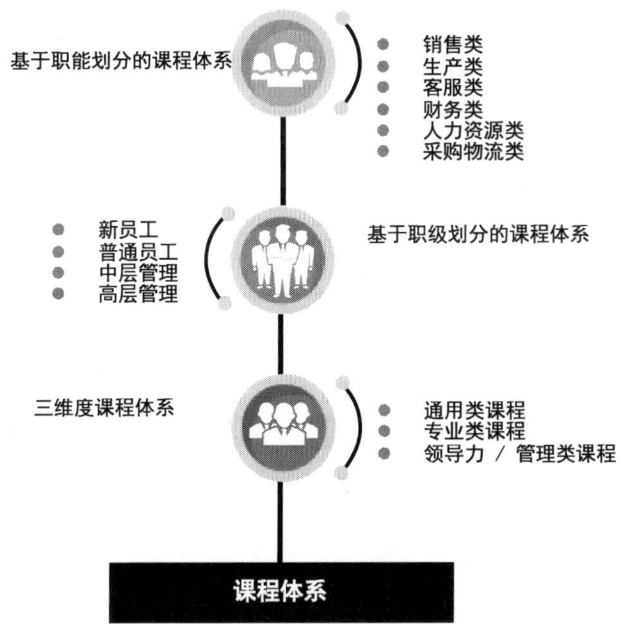

1. 基于职能划分的课程体系

基于职能划分的课程体系是以企业中不同职能岗位的工作职责和技能要求为基础，按照不同职能划分的课程体系。这种课程体系能够很好地满足企业内部不同职能岗位的培训需求，能够使培训内容与实际工作紧密结合，提高员工的工作能力和效率。

基于职能划分的课程体系一般分为多个类别，每个类别包含一系列相关的课程。通常情况下，一个类别对应一个特定的职能岗位，培训内容主要包括该岗位所需的技能、知识和行为规范等。例如，一家制造业企业可以按照生产线、质量检测、设备维护等不同的职能岗位划分课程体系。

以下是基于职能划分的课程体系的主要特点。

（1）针对性强

课程是根据企业内部职能划分的，因此能够更准确地满足不同部门或岗位的工作职责和能力需求。课程的设计更具针对性和有效性。

（2）横向发展

基于职能划分的课程体系可以沿着不同职能岗位的职责和技能要求进行分类设置。满足员工跨职能的需求，适用于企业转型升级等需要员工具备跨岗位技能的情况。

（3）可持续发展

由于课程体系是基于企业内部职能划分的，所以可以随着企业职能的变化而不断调整和完善，以实现课程体系的可持续发展。

在企业中常见的岗位有：销售岗、生产岗、客服岗，财务岗等，因此基于职能划分的课程体系可以分类如下。

类别	举例
销售类岗位培训课程	大客户管理与销售 经销商管理 销售谈判技巧 数字营销实务 ……
生产类岗位培训课程	精益生产管理 六西格玛管理 “5S”高效管理 产品设计与开发 ……
客服类岗位培训课程	如何寻找潜在客户 如何处理客户投诉 客户心理分析 金牌客服实践指南 ……
财务类岗位培训课程	企业成本控制 财务风险管理 财务诊断与分析 预算管理与编制技巧 ……
人力资源类岗位培训课程	高效招聘与面试技巧 员工培训与发展 KPI 的有效设定和应用 HR 如何有效支持业务伙伴 ……
采购物流类岗位培训课程	采购合同管理和供应链管理 高效的采购谈判 成本控制与费用规划 战略采购与谈判技巧 ……
……	

2. 基于职级划分的课程体系

基于职级划分的课程体系是以企业内部职位等级划分为基础，将员工按照不同的职级划分，为每个职级设计相应的课程体系。该体系的优点是可以精确地满足不同职级员工的培训需求，有利于针对不同职位设计有针对性的课程内容，从而提高员工的工作技能和绩效水平。在此基础上，还可以结合公司的人才发展计划，为员工提供相关职级晋升的课程和认证，进一步激发员工的学习热情和积极性，更有效地提升员工的职业素养和绩效水平。

基于职级划分的课程体系也存在一些缺点。首先，可能会存在一些员工需要在多个职级的培训课程之间穿梭才能满足其全部培训需求的情况，这就需要企业在课程设计上投入更多的精力和资源。其次，有些员工可能会觉得课程设置刻板，缺乏个性化的特点，从而影响学习积极性。因此，企业在制定基于职级划分的课程体系时，需要根据实际情况和员工的反馈积极进行调整和改进，从而确保培训体系的灵活性和适应性。

在企业中通常将职级划分为新员工、普通员工、中层管理人员和高层管理人员四个层级，企业规模越大，职级的层次通常更加详细。因此基于职级划分的课程体系可以依此分类如下。

类别	举例
新员工培训课程	企业文化 职业化之路 办公软件应用 职业生涯发展与规划 岗位要求与细节 ……
普通员工培训课程	创新思维训练 出口成章——快速构思与魅力表达 时间管理 情绪管理 有效沟通 ……
中层管理人员培训课程	员工激励 非人力资源的人力资源管理 目标管理 有效授权 角色认知与定位 ……
高层管理人员培训课程	非财务人员的财务管理 组织结构设计 项目管理 企业流程改善与标准化建立 企业经营沙盘模拟 ……
……	

3. 三维度课程体系

三维度课程体系是常见的企业课程体系，它将企业中的培训课程分为通用类课程、专业类课程及领导力 / 管理类课程。在实际运用中，还可以添加销售类课程，形成四维度课程体系。

类别	明细	举例
通用类课程	职业素养类课程：如职业道德、职业规划、职业心态等。 沟通能力类课程：如口头表达、书面表达、演讲技巧、谈判技巧等。 团队合作类课程：如团队建设、协调沟通、协同工作、团队文化等。 时间管理类课程：如工作效率、时间管理、压力管理等。	职场减压八段锦 高效会议主持 六项思考帽 结构化思维 金字塔原理 ……
专业类课程	专业技能类课程：如行业知识、专业技能、行业标准等。 职业发展类课程：如职业规划、个人成长、自我提升等。 项目管理类课程：如项目管理、项目协调、项目实施等。 绩效管理类课程：如 KPI 制定、绩效考核、绩效管理等。	同基于职能划分的课程体系一致：如人力资源、财务管理等；培训线：TTT、行动学习、引导技术、教练技术、沙盘技术等。
领导力/管理类课程	领导力类课程：如领导力培养、领导力提升、领导力素质等。 团队管理类课程：如团队建设、团队文化、团队激励等。 决策管理类课程：如决策分析、决策沟通、决策实践等。 变革管理类课程：如变革战略、变革实践、变革领导力等。	可复制的领导力 管理者系统思维力塑造 新任主管的管理技能 MTP 中层干部管理技能提升训练 ……

经过上文的描述已经了解了课程是如何产生的以及企业课程体系如何划分。那接下来的问题是哪些领域适合培训专员授课？在现代社会中，培训行业的迅速发展为众多有志之士提供了一个广阔的舞台，成为许多人追求职业成就和发展的选择。然而，对于刚刚踏入培训领域的新手培训专员而言，选择第一门开发或讲授的课程是一个重要且复杂的问题。这个决策将影响其未来的职业道路、个人发展以及专业影响力的构建。首次踏上讲台，如何选择适合自己的第一门课程，无疑是一个令人激动又充满挑战的任务。根据笔者经验，一般以下三类课程比较适合新手培训专员。

（1）工具类课程

工具类课程是指针对某种工具、软件或者技术进行培训的课程，这种课程主要是为了帮助学员掌握特定的工具或技术，提升其在工作中的实际操作能力。工具类课程因为实操性强，所以课程开发的难度比较低，同时讲解起来比较容易。

常见的工具类课程包括：办公软件培训课程，如Excel、Word、PPT等；设计软件培训课程，如Photoshop、AI等；数据库软件培训课程，如SQL Server、Oracle等；互联网应用软件培训课程，如微信、支付宝等；项目管理软件培训课程，如MS Project等。

这里可能会有疑问，企业已经引进了工具类课程的线上教学资源，或者通过一些线上学习平台，如“哔哩哔哩”等，也能找到免费的教学资源，是否就没有必要为企业开发专门的工具类培训课程？有必要开发工具类培训课程，原因如下。

①线上课程普遍具有迟效性。由于软件版本更新较快，线上课程可能与最新版本不符，导致实际操作出现偏差。

②线上课程往往通用且功能化，难以与企业的实际业务场景相结合。比如在线上学习平台搜索“Word教程”，该课程设置的内容通常有“工作界面介绍”“文本的应用”“字体的应用”等，适合初学者从0—1一步步跟着教程学习。相比之下，企业培训课程更具有针对性，可以根据企业的实际业务需求设置课程内容，比如“PPT完善提升您的管理报告（部门经理）”“Excel在管理中的高级应用”“Word商务文档写作”等。

（2）通用类课程

通用类课程是指广泛适用于不同领域的通用性课程，这些课程通常与基础职业技能、个人素质提升及企业文化等相关。通用类课程的目的是为所有员工提供统一的培训，使员工能够具备基本的职业素养和技能，从而提升企业整体的竞争力和绩效。比如“时间管理”“国际商务礼仪”“跨部门沟通”等。

通用类课程对于专业没有过多的限定，培训师可以根据自己擅长的领域，比如写作、演讲、会议主持等，然后通过搜集资料，整合资源，再结合企业的实际情况，进行课程内容的设计。为了使课程具有深度，可能需要在特定的领域内沉淀，比如开发“强化英文演讲力”的课程，那么培训师就需具备一定的英语水平。

当新手培训专员不知道如何选择通用类课程时，可以按照以下步骤进行。

①确定一个范围，列出能想到的课题，再通过网络查找课程目录，将它们罗列出来。

②根据培训师的擅长程度、感兴趣程度以及企业需求，对这些课题进行排序。

可以帮助培训师找到最适合自己的课程。

③选择排名前几位的课题进行开发。在开发过程中，培训师可以结合自己的经验、网络资料等，制作适合企业和学员需求的课件内容，以确保课程的实用性和效果。

甲老师是一名刚从事培训工作的应届毕业生，在企业中担任培训专员，由培训负责人乙老师直接管理。某天，乙老师希望甲老师尝试开发一门通用类课程并进行讲授。甲老师有点手足无措，连忙请教乙老师该如何做。

根据乙老师的指导，甲老师选择了“沟通能力”作为课程的范围，并结合个人经验及网络资料，初步确定了8个课题，包括“口才训练”“情绪管理”“社交礼仪”“谈判技巧”“跨部门沟通”“演讲技巧”“沟通障碍与处理”“管理沟通”。

甲老师根据自己擅长程度、感兴趣的程度、企业需求的程度对以上8门课程进行排序，剔除掉不擅长的“管理沟通”，兴趣程度较低的“情绪管理”，企业需求较低的“谈判技巧”，排名前三的分别是“跨部门沟通”“口才训练”“演讲技巧”，遂决定选择排名第一的“跨部门沟通”作为自己的第一门课程。

（3）化书成课

通常指将书籍或特定领域的文献资料转化为培训课程的方法，旨在通过课程让学员学习书中相关知识和技能，从而提高其在该领域的专业水平。这个过程类似于一般的课程开发过程，需要遵循一系列步骤，从而确保课程内容准确、系统，并且具有良好的教学效果。具体而言，化书成课通常需要以下几个步骤。

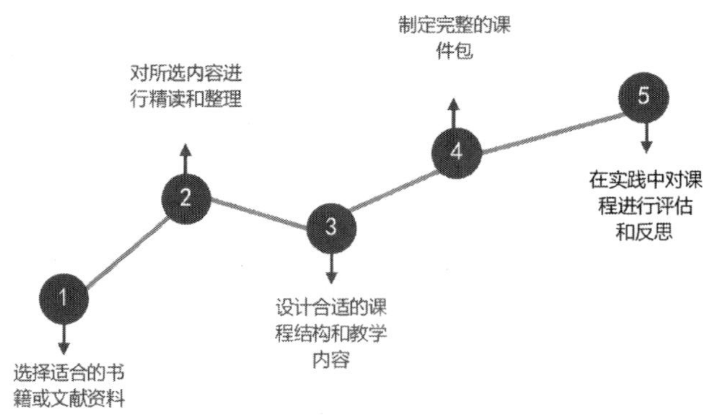

①选择适合的书籍或文献资料，确保它们能够满足课程设计的目标和要求。例如，培训目标是提升终端人员的服务能力，通过培训让学员掌握服务礼仪的要点与应用场景，那么可以选择的参考书籍有金正昆的《服务礼仪》、纪亚飞的《新时代服务礼仪》、李妍的《酒店服务礼仪》等。

②对所选内容进行精读和整理，理解其中的重点和核心内容。一本书所涵盖的内容较为丰富，一般需要多次阅读才能对书中的内容有深刻的理解。在阅读的过程中可以通过思维导图的形式，罗列书籍的知识点，特别是知识点下的案例，在课程中具有实际应用价值。需要注意，书籍内容的版权属于作者，衍生于书籍的课程内容，仅能用于公益性培训或内部培训使用，非授权状态下不能商讲。

③根据课程的目标和要求，设计合适的课程结构和教学内容，将书籍或文献资料的内容进行分解和组合，形成具有系统性和连贯性的课程内容。通常，书籍本身具备一定的知识结构，在设计课程结构时，可以根据书籍的章节或内容模块搭建课程结构，确保教学内容的逻辑性；或者把内容打散，按表达结构重组，即以“为什么”“是什么”“怎么做”为主线搭建课程结构。

④制定教学大纲和教学计划，明确课程的教学目标、教学方法、教学时间等细节。设计课程的教学材料，包括 PPT、讲义、案例等，以便学员更好地掌握和理解课程内容。一般来说，课程设计与开发的成果最终以 PPT 课件的形式展示出来，但仅仅一个 PPT 还不够。完整的课程设计与开发需要形成一整套完整的资料，即课件包，包括教学大纲、教学计划、教学材料等。

⑤开展课程教学，在实践中对课程进行评估和反思。通过讲授、案例分析、讨论等多种教学方式，帮助学员掌握相关知识和技能。收集学员的反馈意见，及时调整和改进课程的教学内容和方法，以提高课程的质量和实效。课程开发一般以课题组的形式进行，当产出课程后，可以在内部进行试讲，通过内部的优化和迭代，再推向学员。

（4）四个维度选择

整个“化书成课”的过程需要充分的准备和深入的思考，以确保学员能够从中获得实质性的学习成果。但如何在众多书籍中进行选择？根据笔者经验，可以根据以下四个维度选择。

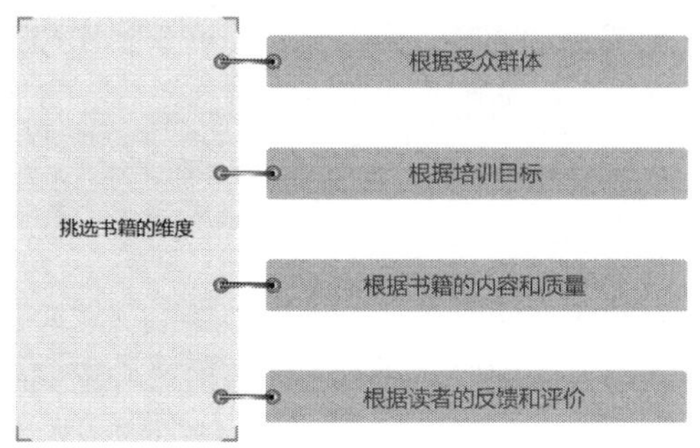

①根据受众群体。选择适用于目标受众的书籍，例如，对于管理人员，可以选择涉及管理领域的书籍；对于销售人员，可以选择与销售技巧相关的书籍；对于普通员工，可以考虑工具或素养类书籍等。选择的书籍最好有明确的方法论和实际案例，能节省找素材的时间成本。例如，彼得·德鲁克《卓有成效的管理者》、科林斯坦利《销售就是要玩转情商》、芭芭拉·明托《金字塔原理》等。

②根据培训目标。选择与培训目标相关的书籍，例如，如果培训目标是提高员工的沟通能力，可以选择与沟通技巧相关的书籍；如果培训目标是提升员工的领导力，可以选择领导力方面的书籍。以确保所选书籍与培训目标紧密契合。例如，脱不花《沟通的方法》、马歇尔·卢森堡《非暴力沟通》、樊登《可复制的领导力》、约翰·C. 马克斯维尔《领导力 21 法则》等。

③根据书籍的内容和质量。选择内容丰富且权威可信的书籍，如经典的管理、销售、沟通类书籍，或者知名作者的著作，可以增加学习者对书籍的信任感和认可度。例如，通用电气（GE）董事长兼 CEO 杰克·韦尔奇和苏茜·韦尔奇《赢》、现代管理学之父彼得·德鲁克《管理的实践》、日本经营之神稻盛和夫《活法》等。

④根据读者的反馈和评价。查阅书籍的读者评价、书评等，了解书籍的质量和受欢迎程度，从而选择合适的书籍；也可以借助他人的经验和看法，为选书提供更多参考。常见的查阅平台有 Goodreads、豆瓣读书、微信读书、亚马逊等。

（5）新手开设专业类、领导力类课程的禁忌

对于新手培训师，不建议开发专业类课程以及领导力类课程。原因如下。

①专业类课程。专业类课程通常要求培训师需要具备更深入的专业知识和技能，旨在帮助学员获取更高水平的专业能力，更好地应对职业发展中的挑战。这类课程往往需要由拥有丰富实践经验的部门负责人或高级职位的人员来开发，而新手培训师在专业领域可能缺乏足够的经验和知识，自身并不能保证课程开发的深度。但是，

作为培训师，可以合理运用培训技术，将部门负责人的实际经验进行显性化和结构化，最终输出为培训课件。

②领导力类课程。领导力类课程主要针对管理人员和领导者开设，旨在提升他们在领导、管理、决策和沟通等方面的能力和素质。通常这类课程可以由外部培训机构、管理咨询公司提供，但相对来说，这些外部机构的课程费用较高。对于新手培训师而言，涉足领导力类课程可能需要更多的时间、资源投入以及更高的能力要求，因此建议在积累一定培训经验后再考虑开发此类课程。

（6）首次培训课的技巧与方法

在进行首次培训课程的授课时，为了确保授课效果最大化，新手培训专员需要学习如何塑造职业形象、正确发声、有效运用手势等技巧。整体的方法可以概括为“先模仿后创造”。

①观摩老师授课。寻找企业内部已经具有较高授课能力的老师，申请旁听他们的课程，借鉴他们的授课方式和方法。或者可以在各种在线学习平台上找到众多优秀培训师的课程，观摩他们的授课思路、内容设计等，借鉴他们的成功经验。常见的在线学习平台有培伴、得到、一书一课等。

②试讲和反馈。在准备充分后可以进行试讲。邀请企业内部的老师、培训专员的直属上级或其他专业人士，请他们点评培训课程。通过反馈，可以不断改进自己的授课技巧、课程结构和教学方法，从而在实际授课中更加得心应手。

作为一名从业数载的培训师，笔者深刻地记得自己的第一堂培训课。那是一段紧张、刺激却充实的培训之旅。当你真正、全身心地投入培训行业中，你将进入一种心流的状态（心流是指一种人们在专注进行某种行为时所表现的心理状态）。这种状态可能出现在课程开发的过程当中，也可能出现在培训授课的过程当中。心流产生的同时会有高度的兴奋及充实感。加油吧，同路人！通过不断学习和实践，为学员们带来更好的学习体验和收获。

第二篇　外功篇

掌握多样实用工具

开创高效培训时代

第四章　通用技能——迈向成功的关键之路

一、思维导图：极致思维，畅游创意世界

思维导图是一种基于分支结构的图形化思维工具，主要由中心主题、分支和子分支三个部分构成，用于记录、组织和展示思维的过程。主题通常是思维导图的核心，也是思维的起点。分支是从主题延伸出来的，通常由一个关键词或短语表示。子分支是分支的进一步细化，通常用符号、图像或短语表示。在思维导图中，不同的主题可以用不同的图形、颜色和文字等方式来区分，使得整个思维导图更加清晰明了。

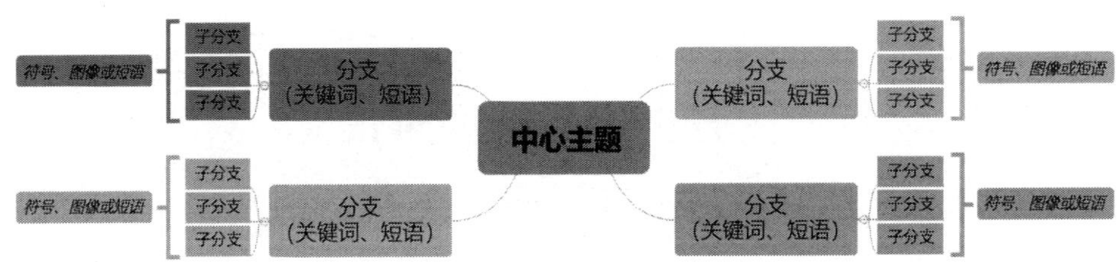

1. 绘制思维导图需要注意的事项

绘制思维导图需要准备一张大白纸和几支不同颜色的笔。在绘制思维导图时，需要注意以下几点。

（1）中心主题要突出

中心主题放在整个思维导图的中心位置，并使用粗体字或特殊的符号进行强调。例如一个学科的概念、项目计划、产品功能等。

（2）分支和子分支要层次分明

将中心主题作为第一层，然后根据主题的子主题或分类来创建第二层、第三层。分支和子分支是思维导图的主体内容，也是思维展开的关键。

（3）使用图形和颜色

在绘制思维导图时，可以使用各种图形和颜色来标注不同的信息，这样可以有效地帮助人们记忆和理解信息，使得思维导图更加生动形象。例如可以使用各种图形（如圆圈、方框、箭头等）来表示不同的概念、主题和关系。此外，使用不同的

颜色可以区分不同的类别或强调关键信息。

（4）留出空白

在绘制思维导图时，不要将整张纸都写满，要留出一些空白。这样可以使得思维导图更加清晰易懂，也可以方便日后对思维导图进行修改和完善。

2. 思维导图的优点

通过思维导图可以整理和归纳信息，将复杂的信息结构化，有助于提高思维效率和创造力，促进对问题的深入思考和分析，进而达到更好的决策和行动。思维导图的优点包括如下。

（1）可视化

思维导图倡导用图形代替文字，使得信息更容易被理解和记忆。可视化有助于将抽象的概念具体化。例如，当我们提到“苹果”时，首先浮现在脑海中的不是“苹果”这两个汉字，而是“苹果”的图像，表现为红色的果实。

（2）可展开性

思维导图可以随着思考的深入而展开或折叠不同的分支，使得信息的层次结构清晰可见，有助于逐步深入探讨一个主题。在制作思维导图的过程中，控制分支的层级在 3—5 层较为适宜。

（3）连通性

思维导图中各个分支之间均有关联，有助于显示不同思想之间的联系和逻辑流程，使思维导图成为解决问题和制订计划的有效工具。展示不同分支之间的关联可以通过连线、箭头、文字等形式标注。

3. 软件及工作场景

（1）软件简介

Xmind 是一款非常实用的思维导图软件，支持 Windows、Mac 和 Linux 等多个操作系统。它提供了多种视图模式，包括思维导图、鱼骨图、树状图等，可以帮助用户更好地组织和展示信息。该软件支持手机版和电脑版。

（2）工作场景

思维导图是一种常用的学习、思考和规划工具，被广泛应用于知识管理、项目管理、决策分析、创意设计等领域，可以用于记录笔记、制订旅行计划、制作会议纪要、梳理课程框架等。

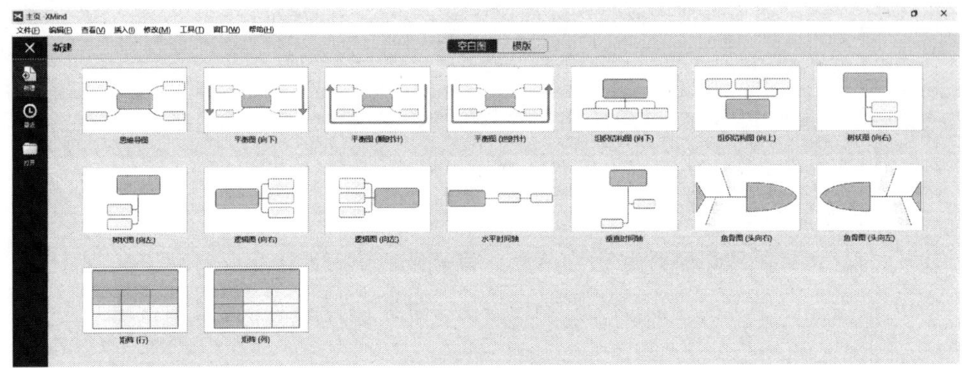

Xmind 界面

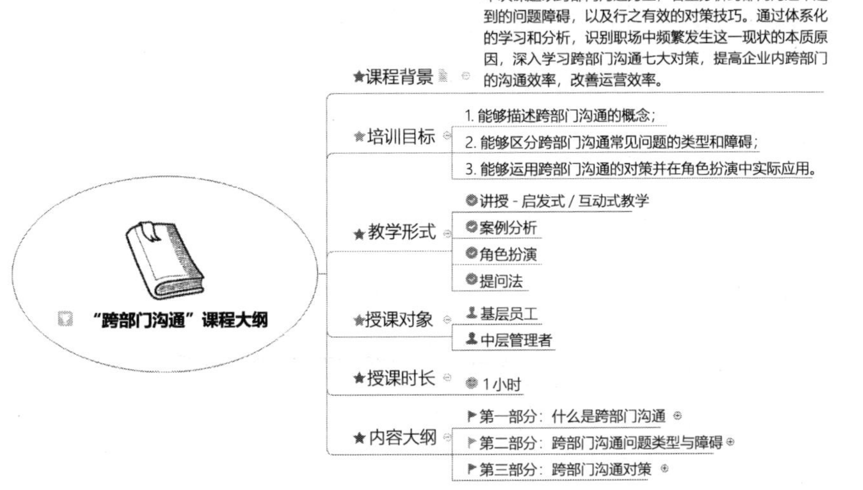

制作课程大纲

制作读书笔记

①知识管理。用户可以使用 Xmind 组织知识体系，梳理课程大纲。也可以使用 Xmind 将知识点、重点和难点整理成可视化的图表，便于更好地复习和总结。

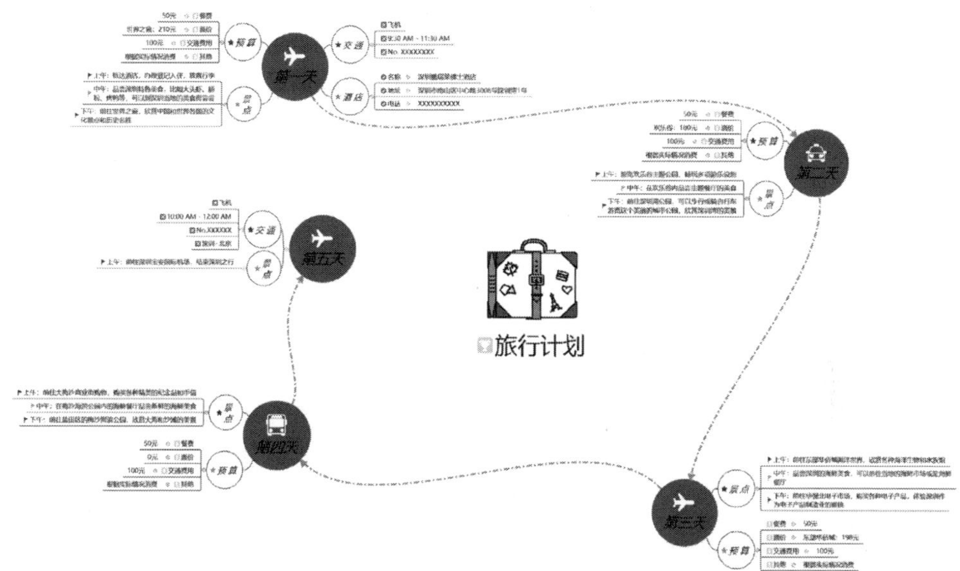

制作旅游计划

饮食计划

	早餐	午餐	小吃	晚餐	甜点
星期一	燕麦粥 蓝莓&坚果	三文鱼 蒸蔬菜&糙米饭	炸薯条配番茄酱	牛肉炒面 蔬菜沙拉	香蕉布朗尼蛋糕
星期二	全麦吐司 牛油果&番茄	鸡肉炒饭 小沙拉	芝士饼干	糖醋鸡块 蒸蔬菜&糙米饭	焦糖香蕉冰淇淋
星期三	煎鸡蛋 新鲜橙汁	牛肉拌面 小沙拉	炸鸡翅	鱼香茄子 糙米饭	巧克力慕斯蛋糕
星期四	酸奶水果杯	鸡肉沙拉三明治 薯条	炸薯条配番茄酱	糖醋鸡块 蒸蔬菜&糙米饭	蓝莓芝士蛋糕
星期五	全麦吐司 牛油果&番茄	牛肉拌面 小沙拉	芝士饼干	牛肉炒面 蔬菜沙拉	香蕉布朗尼蛋糕
星期六	燕麦粥 蓝莓&坚果	三文鱼 蒸蔬菜&糙米饭	炸薯条配番茄酱	三文鱼 蒸蔬菜&糙米饭	蓝莓芝士蛋糕
星期日	酸奶水果杯	鸡肉炒饭 小沙拉	苹果棒	鱼香茄子 糙米饭	焦糖香蕉冰淇淋

制订饮食计划

②计划管理。用户可以用 Xmind 来规划和管理项目或任务，帮助我们将复杂的计划和目标分解成具体的任务和行动步骤。

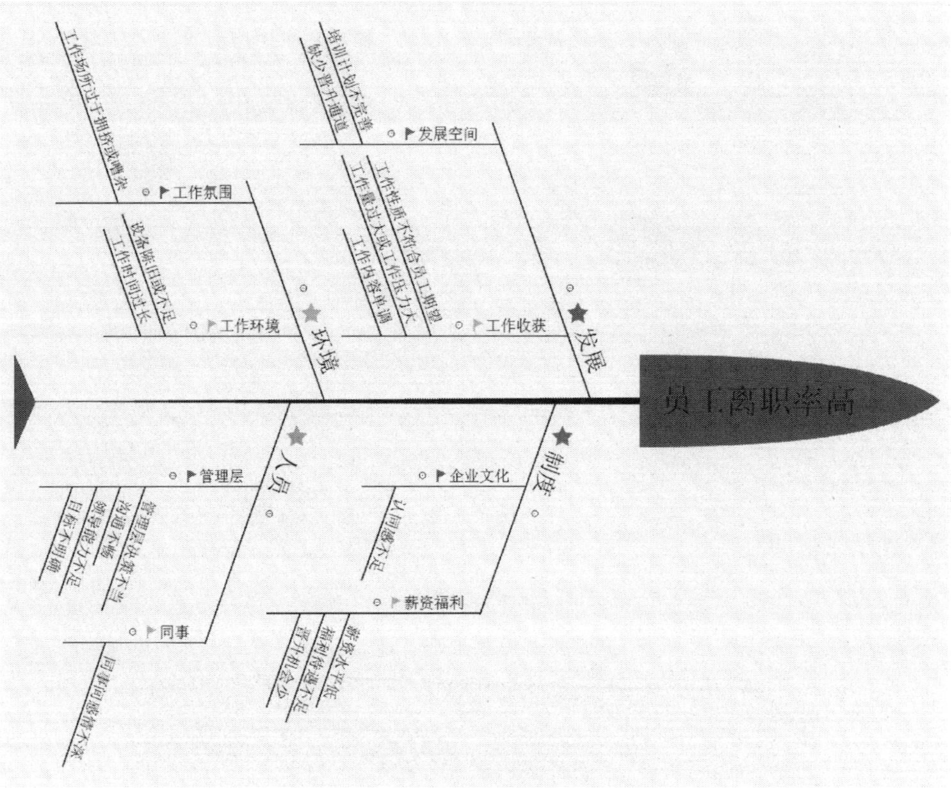

员工离职率高
环境
发展
人员
制度
工作氛围
工作场所过于拥挤或嘈杂
工作环境
设备陈旧或不足
工作时间过长
发展空间
培训计划不完善
缺少晋升通道
工作收获
工作性质不符合员工期望
工作量过大或工作压力大
工作内容单调
管理层
管理层决策不当
沟通不畅
领导能力不足
目标不明确
同事
同事间感情不深
企业文化
认同感不足
薪资福利
薪资水平低
福利待遇不足
晋升机会少

员工离职率高问题分析

销售量下降
流程因素
1. 销售流程烦琐
2. 售后服务不到位
市场因素
1. 市场竞争激烈
2. 消费者需求变化
人员因素
1. 缺乏销售技能培训
2. 人员流失过多导致团队不稳定
外部经济
1. 经济不景气
2. 政策变动
营销策略
1. 营销宣传不足
2. 客户关系维护不善
产品因素
1. 新产品推广不足
2. 产品质量问题

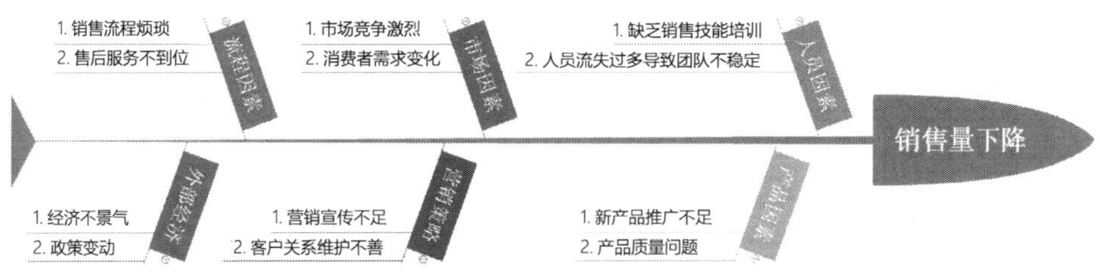

销售量下降问题分析

③解决问题。用户通过将问题分解为各个子问题，并将各种解决方案以图形化的方式呈现，可以帮助用户更好地分析和解决问题。

4. 推荐学习路径

（1）官方网站

用户可以访问 Xmind 的官方网站 https://xmind.cn/，下载 Xmind 软件，查看官方文档和使用指南。

（2）在线平台

用户可以通过在线视频课程学习 Xmind 的使用方法和技巧。在视频分享平台比如“哔哩哔哩”（https://www.bilibili.com/），用户可以搜索关键词“Xmind”找到相关教程。此外还可以通过各大 MOOC 平台学习 Xmind 的使用方法和实践技巧。

（3）阅读书籍

东尼·博赞是思维导图的发明者，大脑和记忆方面的超级专家，著有《思维导图》《思维导图实践版》《思维导图进阶版》等，这些书籍对于有志于掌握思维导图技巧的读者而言是极具参考价值的。此外，XMind 团队的著作《XMind：用好思维导图走上开挂人生》也可作为初学者的入门指南。

5. 备选软件

（1）iMindMap

iMindMap 是思维导图创始人东尼·博赞开发的思维导图 App，线条自由，具有手绘功能。结合独特的自由形态头脑风暴视图模式和系统的思维导图视图模式，适用于头脑风暴、策划和管理项目、创建演示文稿等。可用来创造 3D 视图、演示文稿视图、iMindMap 在线、多图、“动画＋时尚”的界面、“图像＋图标”以及智能单元格等。

（2）MindMaster

MindMaster 提供有丰富的功能和模板，可免费导出多种文本格式。有脑图社区，提供脑图模板可以参考，可以为脑图内容插入关系线，快速梳理各个主题的关系。

二、办公软件：数字办公，提升工作效率

办公软件是一类专门为办公室、企业、学校等各种工作场合设计的计算机应用程序。它们的主要功能是实现办公自动化和信息处理，旨在提高工作效率、减少人工成本以及改善信息管理和沟通流程，因此已成为各行各业、企事业单位以及个人工作生活中不可或缺的一部分。常见的办公软件有文字处理软件、表格制作软件、

演示文稿制作软件、数据库软件、邮箱软件等多种类型。

1. 文字处理软件

文字处理软件可以帮助用户创建、编辑、排版和保存各种文档，包括作业报告、工作总结、商务信函、论文、简历、宣传册等。常见的文字处理软件包括 Microsoft Word、WPS、Google Docs 等。Microsoft Word 是全球最流行的文字处理软件之一，它具有强大的编辑功能，支持各种格式和排版，用户可以通过各种模板和样式进行排版，制作出精美的文档。WPS是中国本土的文字处理软件，它与Microsoft Word类似，但具有更多的本土化特性和功能，如免费的云存储、PDF 转换等。Google Docs 则是基于 Web 的文字处理软件，用户可以在线编辑、分享和协作文档。

培训物料费用清单								
培训项目		第五期市场本锋营						
培训日期		2023.4.7–4.8						
培训地点		食堂二楼培训室						
培训对象		各分部市场经理及部分业务-23人						
类别	物品	链接	单位	数量	单价	项目金额	发票金额	付款金额
文具	大白纸/白板纸	[illegible]	份（30张）	1	39	39	38.99	38.99
	记号笔（三色）	[illegible]	10支/盒	2	9.5	19	19	18.9
	签字笔&一次性杯子	https://item.m.jd.com/product/722599.html?gx=RnE1wWZdYTbYzNRP--	12支/盒	2	22	44	69.06	69.06
	悠乐佳 笔记本定制 黑-FK笔记本+签字笔（+logo）	https://item.jd.com/10040003629429.html#crumb-wrap	套	25	28	700	670	664.5
宣传物料	条幅	按往期预算 以实际为准	条	1	39	39	/	/
	签到板		块	1	90	90	/	/
	X展架		个	2	90	180	/	/
餐饮	早餐（2大盒）· 良品铺子手撕面包2斤装	https://item.jd.com/4544060.html#none	箱	4	32.9	131.6	75.3	75.3
	早餐（2天量）· 豆本豆 唯甄豆奶 250ml*24盒/箱	[illegible]	箱	3	34.9	104.7	109.6	109.6
	午餐：外卖（2天）合计48份	以实际为准	天	2	1200	2400	1296	1296
	晚餐：待定（1天）		场	1	3000	3000	2112	2112
	团建费		场	1	3000	3000	3811	3811
	茶歇：百草味零食大礼包	[illegible]	包	2	189	378	472.4	366.4
	饮品：雀巢（Nestle）速溶咖啡（100条）	[illegible]	盒	1	106	106		106
	怡宝纯净水555ml*24瓶/箱	[illegible]	箱	4	34	136	121.2	121.2
奖品	一等奖：华为智能手环	[illegible]	个	1	208	208	209	207
	二等奖：华为（HUAWEI）mini蓝牙音箱	https://item.m.jd.com/product/50407341802.html?gx=RnE1wWZdYTbYzNRP--	个	3	109	327	325.8	325.8
	三等奖：礼盒套装（杯子+伞）	https://item.m.jd.com/product/12810214.html?gx=RnE1wWZdYTbYzNRP	本	6	62.8	376.8	376.8	373.22
	团队奖：[illegible]	[illegible]	套	6	44	264	183.7	183.7
其他	一次性杯子	[illegible]	20个/袋	3	10.9	32.7	/	/
				11575.8			9889.85	9878.67

WPS 表格

2. 表格制作软件

表格制作软件可以帮助用户创建、编辑和数据分析各种表格，如数据统计表、财务表、人事管理表、组织结构图等。常见的表格制作软件包括 Microsoft Excel、WPS 表格、Google Sheets 等。Microsoft Excel 是全球最流行的表格制作软件之一，它具有强大的数据处理和分析功能，支持各种数据格式和计算公式，用户可以根据需求进行数据分析和可视化。WPS 表格则是 WPS 系列软件的另一款表格制作软件，它的功能和使用方式与 Microsoft Excel 类似，但具有更多的本土化特性和功能，如模板库、智能图表等。Google Sheets 则是基于 Web 的表格制作软件，用户可以在线创建、编辑和分享表格。

3. 演示文稿软件

演示文稿制作软件可以帮助用户创建、编辑和展示各种演示文稿，如公司年度工作报告、项目汇报、商业提案、培训课程、产品展示等。常见的演示文稿制作软件包括 Microsoft PowerPoint、WPS 演示、Google Slides 等。Microsoft PowerPoint 是全球最流行的演示文稿制作软件之一，它具有丰富的动画效果、多种模板和图形工具，用户可以通过拖拽式的操作轻松地创建出生动有趣的演示文稿。WPS 演示是 WPS 系列软件的另一款演示文稿制作软件，它的功能和使用方式与 Microsoft PowerPoint 类似，但具有更多的本土化特性和功能，比如更多种类的模板以及图片库等。Google Slides 则是基于 Web 的演示文稿制作软件，用户可以在线创建编辑和分享演示文稿。

4. 推荐学习路径

尽管有大量相关书籍可供参考，但笔者更倾向于学习者直接通过在线课程学习并在工作中实践，因为这种方式通常效果更佳。

（1）官方网站

WPS Office 的官方网站（https://www.wps.cn/）提供了详细的文档和视频教程，可以通过自主学习来掌握各种使用技巧。在官方网站上可以找到“WPS 学堂”栏目，其中包含了大量的学习资源。

（2）在线平台和培训机构

各大在线教育平台和培训机构都提供了 WPS Office 的在线课程和培训服务，用户可以通过线上学习或线下学习的方式来提升软件应用能力。在线平台有“我要自学网”“哔哩哔哩”等。

（3）备选软件

Microsoft Office 是一套由微软公司开发的办公软件套装，包括 Word、Excel、PowerPoint、Outlook 等应用程序。它们被广泛用于各种场合和用途，包括商业、教育、政府、医疗、科技等领域。该软件功能、操作基本同 WPS Office 一致。但需要注意的是，如果需要商用或在企业环境中使用 Microsoft Office，则需要提前购买相关的许可证。

三、图片处理：艺术之美，尽在掌握之中

通过第一章的阐述，我们了解到培训专员需要承担“项目助理”的角色，负责拍摄培训过程中的照片。要获得高质量的照片，拍摄技术和后期处理二者缺一不可。如果拍摄对象需要在照片中呈现出高质量的细节和真实感，那么拍摄技术显得尤为

重要。出色的拍摄技术可以在后期处理时节省大量时间和精力，因为这些技术已经包括了许多必要的元素，如正确的曝光、焦距和构图等。另外，如果希望将一张普通的照片提升到更高的水平，增加吸引力，那么后期处理就能达到此种效果。后期处理可以对照片进行一些必要的调整和优化，例如修剪、增强颜色、调整亮度和对比度等，从而使照片看起来更加引人入胜。

精湛的拍摄技术并非一蹴而就，需要经过大量实践才能够见效，而后期处理则相对容易，只需要掌握一款图片处理软件的操作即可。这两者的结合可以确保获得出色的培训照片。

美图秀秀界面

1. 软件简介

美图秀秀是一款由美图公司于 2008 年推出的免费图片处理软件。该软件具有简单易用、功能丰富、操作便捷等特点，广泛应用于美妆、摄影、设计等领域，尤其在美妆领域拥有极高的知名度和用户口碑。该软件支持手机版和电脑版。

美图秀秀操作界面

2. 工作场景

可用于处理拍摄好的培训照片，实现如裁剪、旋转、调整亮度和对比度、添加水印等功能，相较于 Photoshop，美图秀秀更为简单易用。

3. 推荐学习路径

网络上没有相关书籍供参考，建议具备较强动手能力的用户自行摸索学习。

（1）官方网站

官网：https://pc.meitu.com/。搜索关键词“美图学院”可获得产品教学、抠图玩法、设计技巧等多种服务。

（2）在线平台

用户可以通过在线视频学习美图秀秀的使用方法和技巧。比如，B 站搜索“美图秀秀”。

4. 备选软件

Photoshop 是一款由 Adobe 公司开发的图像处理软件，广泛应用于图像处理、数字绘画、图像编辑、图像合成、网页制作等领域。它拥有强大的图像处理功能，可以对图像进行色彩调整、去除瑕疵、添加特效、创作艺术等操作，被视为专业级别的图像处理工具。此外，Photoshop 还支持向量图形的编辑和创建、视频编辑、3D 设计等功能，使得其在设计领域具有广泛的应用。无论是职业人士还是个人用户都可以通过学习和使用 Photoshop 来创造出优秀的作品。

四、微课制作：打破时空，学习不再受限

在当今的教学环境中，微课已经成为极为重要的一种教学形式。它是一种针对特定主题或知识点进行讲解的数字教育资源，通常包括视频、音频、文字和图片等元素。一般时长较短，针对性强，设计目的是帮助学生更好地理解和吸收知识。同时，微课还可以作为传统课堂教学的补充，让学生在家中也能进行自主学习。

微课制作分为三个阶段：准备阶段、录制阶段、后期处理阶段

1. 准备阶段

在制作微课之前，我们需要进行充分的准备工作，包括确定微课的主题和目标受众，以及准备所需的设备和软件。在准备设备时，如摄像机、麦克风、拍摄灯等，需要提前测试。如果条件允许，可以考虑使用绿幕背景，便于后期进行抠图和特效处理。

2. 录制阶段

录制的过程通常包括设定拍摄环境，拍摄培训过程及分步骤记录内容。拍摄需要在安静的房间中拍摄，或者使用噪声消除的设备来减少背景噪声。如果可能的话，最好能预先进行一次彩排，检查拍摄效果和设备设置。

3. 后期处理阶段

后期处理的过程通常包括剪辑视频、配音与配乐、添加字幕、特效处理与动画效果等。剪辑的主要目的是去除不必要的部分，如错误、冗余的镜头等。配音可以是教师的讲解声轨，也可以是事先录制的旁白。配乐则可以选择一些适合学习氛围的轻音乐或者与主题相关的音乐。

4. 软件简介

剪映是一款非常流行且功能强大的视频编辑软件，主要用于对视频进行剪辑、添加字幕、添加背景音乐、调整视频速度等功能。该软件支持手机、平板电脑、电脑等设备。剪映具有直观的用户界面和简单的操作方式，使得它比 Adobe Premiere Pro 等软件更容易上手，适合初学者使用。

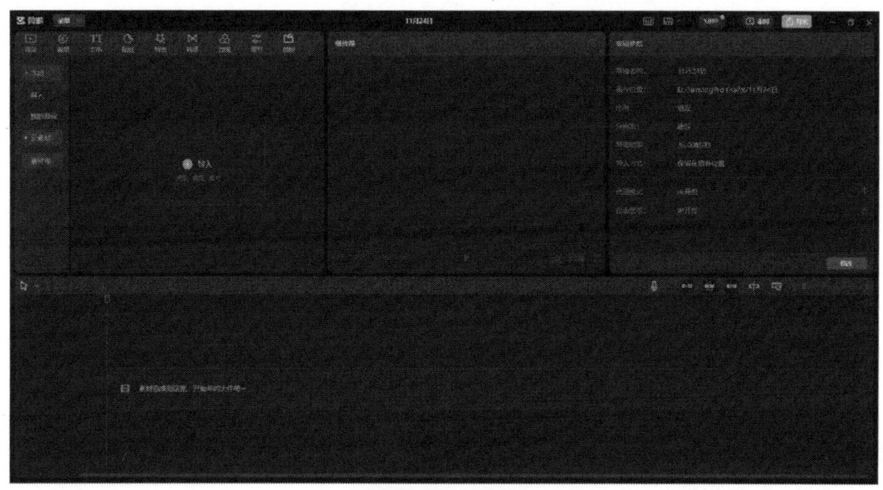

剪映操作界面

5. 应用场景

剪映的应用场景非常广泛，适用于个人用户、小型团队等。对于个人用户而言，他们可以使用剪映来编辑自己的生活记录、旅游视频、Vlog 等。对于小型团队而言，剪映可以用于企业宣传、广告制作、产品介绍等方面。此外，剪映也可以用于教育和培训领域，例如可以利用剪映来制作培训项目的宣传视频、培训师的教学视频等。

6. 推荐学习路径

尽管有大量相关书籍可供参考，但笔者更倾向于学习者直接通过在线课程学习并在工作中实践，因为这种方式通常效果更佳。

（1）官方网站

官网 https://lv.ulikecam.com/ 搜索“创作课题”，上面提供了新手指南、热门玩法、剪辑技巧等多种服务。

（2）在线平台

许多线上平台提供了剪映的视频教程，用户可以在这些平台上进行学习。比如在“哔哩哔哩”搜索“剪映”或通过“我要自学网”学习。

（3）社交媒体

剪映在社交媒体上也有着广泛的影响力，用户可以通过搜索“剪映教程”等关键词来查找相关的学习资源。

7. 备用软件

Premiere 是一款由 Adobe 公司开发的视频编辑软件。它具有专业级别的视频剪辑、合成和效果处理功能，是广播、电影和网络视频行业的主要工具之一。它支持多种视频和音频格式，并且能够对画面进行剪辑、调整色彩、添加特效、添加字幕、加入音频等操作。此外，它还支持多摄像机编辑、时间轴处理、音频混合等高级功能，适用于电视广告、电影制作、视频剪辑等各种场景。

五、直播平台：虚拟教室，全新学习体验

进入信息化时代的 21 世纪，人们对教育的需求日益增加。远程教育是一种新的教育模式，是提高全民族科学文化素质，促进教育思想、内容和方法改革，推动教育现代化，满足社会日益增长的终身学习需求的重要手段。现代远程教育始于互联网技术的普及和发展。最初，基于互联网的在线教育主要采用文字、图片、声音等方式，而随着网络技术的进步，视频直播成为线上教育的主流形式。线上培训课堂的演进大体可以分为以下几个时代。

一是远程教育时代（20 世纪 90 年代初期至 21 世纪初期）。互联网技术开始逐渐普及，远程教育技术也随之兴起。最初，远程教育主要依赖传统媒介，如电视和录像带。随着网络技术的进步，远程教育逐渐过渡到在线网络教育。

二是在线学习时代（21 世纪初期至 21 世纪 10 年代初期）。随着网络技术的普及和发展，各种在线学习平台开始逐渐出现。此时，教育机构开始将自己的课程放到网络上，让学员可以随时随地进行学习。

三是移动学习时代（21 世纪 10 年代中期至今）。随着移动设备的普及和移动网络技术的高速发展，移动学习成为新的趋势。现在的线上培训课堂已经可以实现移动端的无缝切换，让学员可以随时学习，实现真正的“随时随地、学习无界”。

在我国，线上培训的兴起可以追溯到 21 世纪初期。最初，一些自发组织的在线学习小组在百度贴吧和天涯社区等平台上出现。此后，各类在线教育平台相继涌现。比如学而思网校是中国最早的线上培训机构之一，后来发展成了国内领先的 K12 在线教育品牌。2013 年，MOOCs（大规模开放在线课程）逐渐引入我国，被视为推动我国在线教育发展的重要一步。如今，随着 5G、云计算等技术的快速发展的影响，线上培训已经成为一个不可逆转的趋势，越来越多的人开始意识到线上培训的重要性，并将其视为一种便捷、高效的学习方式。

线上培训需要依托具备直播功能的平台实现。直播平台是指通过互联网进行实时传输、共享和互动的在线直播平台。在过去的几年中，随着互联网技术的不断发

展，直播平台也得到了迅速的普及。目前，国内外有许多知名的直播平台，如国内的斗鱼、虎牙等，国外的 Twitch、YouTube 等。这些直播平台主要服务于游戏直播、秀场直播、生活直播等多个领域。在商务会议、教育培训领域，常用的直播平台有腾讯会议、企业微信、小鱼易连、小鹅通等。

腾讯会议界面

腾讯会议是一款支持远程视频会议、音频会议和在线文档共享的云会议产品。其主要功能包括：支持一对一、多人视频会议，支持桌面共享、文件共享、虚拟背景等多种功能。该产品跨足多个操作系统平台，包括 Windows、Mac、iOS、Android 等，用户能够随时随地进行会议。此外，腾讯会议还支持会议录制、会议管理和弹幕互动等高级功能，提供安全稳定的云会议服务。

腾讯会议的主要应用场景包括远程会议、远程教育、在线培训、远程医疗等，可以帮助用户高效组织会议、进行远程培训和课程教学等。在新冠疫情防控期间，腾讯会议更是发挥了重要作用，成为远程办公和在线教育的主要工具之一。

企业微信具备和腾讯会议一样的功能。在各大平台中，小鹅通是专注于提供直播、录播、点播等在线视频教育解决方案的软件，主要服务于在线教育行业，提供了直播课程制作、推广、播放、支付等一站式解决方案，适用于从小学到大学、从职业技能到考证培训等多个教育场景。小鹅通的优势在于其针对教育场景的专业解决方案，其产品功能完备、易于使用，且可与其他教育工具无缝对接。

第五章　专业技能——职业培训人的必备之道

一、课程开发模型：基于系统化模型的课程设计

课程开发是培训师在其职业生涯中无法忽视的重要技能。它是指将特定主题的教育培训内容经过系统性设计、制作、评估和不断改进的过程，最终形成一门完整的课程。在课程开发中，通常需要考虑多个关键因素，包括教育目标、受众学员的特点、课程内容的结构、教学方法的选择以及评估方式的设计等。

成功的课程开发需要进行深入的研究和细致的分析，必须基于丰富的教学经验，并可能需要适当的技术支持。对于从事培训行业的专业人员而言，掌握课程开发技能至关重要。通过课程开发，培训师能够更深入地理解培训主题，有效地组织和管理培训活动，从而提高教学效果。此外，课程开发也是不断提升自身能力和竞争力的关键因素。

值得注意的是，在现实工作中刚从事培训行业的人员通常不需要着急学习如何进行课程开发。首先，课程开发需要一定的知识理论基础，包括教育学、心理学、管理学等领域的知识。其次，课程开发需要具备一定的实践经验，即有一定的企业工作经历，最终的产品才会具有可操作性。因此，企业一般会选择经验丰富的培训师来负责课程开发项目。

通常情况下，如果已经在培训领域工作满一年或更久，那么应该已经积累了一定的理论基础和实际经验。在这种情况下，可以开始学习如何运用课程开发模型来进行课程设计。课程开发模型是课程设计过程中的重要工具，它提供了一套系统性的流程和步骤，有助于开发出高质量且有效的课程。借助课程开发模型的指导，课程设计人员可以从教学目标、学员需求、教学资源等多个方面进行全面规划和设计，以确保实现预期的教育效果。课程开发模型琳琅满目，以下列举了一些常见的课程开发模型。

模型	概念	主要步骤或阶段	优点	缺点
ISD 教学系统设计模型	该模型是以传播理论、学习理论、教学理论为基础，运用系统理论的观点和方法分析学习中的问题和需求，并从中找出最佳答案的一种课程开发模型。	过程要素：培训需求分析、培训内容分析、培训对象分析、培训课程目标叙述、培训策略制度、培训媒体选择、培训课程设计评价。	1. 详尽的课程规划和设计；2. 评估阶段有助于持续改进；3. 适用于长期和复杂的课程。	1. 所需时间较长、可能不适用于紧急项目；2. 过于刚性，不够灵活；3. 可能需要更多资源。
ADDIE 模型	用于支持开发人员在设计和开发教育和培训课程时的决策和行动。从整体上看，它强调了课程开发过程的系统性和连续性。	分析、设计、开发、实施、评估。	1. 结构化的过程，容易跟踪和管理；2. 适用于各种类型的课程和培训；3. 可在不同阶段进行改进和修改。	1. 可能过于刚性，不适用快速变化的需求；2. 有时可能会变得复杂和冗长；3. 需要投入相对较多的时间和资源。
敏捷课程开发模型	该模型是一种灵活、快速响应变化的课程设计模型。它的基本原则是以迭代的方式，不断反馈和优化课程设计，同时强调与学员和业务的互动，快速响应变化的需求。	敏捷迭代开发过程规划、分析、设计、构建、测试、评估。	1. 灵活，适用于快速变化的需求和课程更新；2. 注重与利益相关者的合作。	1. 可能需要较多的沟通和协作；2. 可能不适用于大型项目。
HPT 模型	全称为人员绩效技术模型，该模型是一种以问题为中心、以数据为导向、以系统性和科学性为基础的课程开发模型。	识别性能问题、分析问题原因、设计干预措施、实施干预措施、评估干预措施。	1. 强调了绩效目标，将课程开发与业务目标联系起来；2. 强调了数据的重要性，需要通过数据分析确定课程的有效性；3. 强调了系统性，需要从整个系统的角度来看待问题，设计和开发绩效支持工具和其他解决方案，以满足学员的绩效需求。	1. 焦点较窄，不适用于全面课程设计；2. 需要使用专业的绩效分析工具和方法来确定培训目标和内容。
CEBT 模型	全称为能力本位教育培训模型，它是以某一工作岗位所需的能力作为开发课程的标准，并以使培训对象获得这种能力作为培训的宗旨来实施培训的一种培训课程开发模型。	基本流程：成立培训课题开发小组→培训课程调查与分析→确定综合能力→分解综合能力→分析专项能力→开发培训课程→实施培训→进行能力本位分析。	1. 适用于职业和连续教育领域；2. 强调课程的实际应用。	1. 可能不适用于其他教育领域；2. 较少关注评估。

下面以培训行业最经典的ADDIE课程开发模型为例，简述如何运用该模型进行课程开发。ADDIE模型是经典的课程设计和开发模型，这个模型的设计初衷是提高培训课程的质量和效果。该模型能够系统地指导课程的开发流程，让课程设计人员在每个阶段都可以根据目标、学员、资源等要素进行全面细致的规划，从而确保课程的成功实施和评估。该模型已经成为教育和培训领域的重要工具，被广泛用于企业培训、教育机构、政府机构以及非营利组织等各种组织中。

国际上许多知名企业已经成功地采用ADDIE模型进行培训项目的设计和开发。例如国际商业机器公司（IBM），它是ADDIE模型的早期支持者和应用者之一。此外，美国军方也广泛应用ADDIE模型来设计军事培训课程，以确保所有士兵都接受一致的高质量培训。现在一些咨询公司（如麦肯锡等）都针对内训师开设了ADDIE模型方面的培训课程。

国内的培训领域也开始关注ADDIE模型的应用和研究。一些大学和研究机构积极探索和推广ADDIE模型。例如“基于ADDIE模型的翻转课堂教学设计研究”“基于ADDIE模型的中职英语微课教学设计模式探究”“基于ADDIE模型的信息技术学科微课设计”等项目，标志着ADDIE模型在中国逐渐崭露头角。这些研究将推动ADDIE模型在中国的企业和高校中得以更广泛的应用，为我国培训业的发展注入了重要的知识和技能资源。

ADDIE模型适用于各种类型的课程和培训项目的开发，主要特点是强调以学员为中心、以目标为导向、以评估为基础，强调在课程开发和实施中积极借鉴反馈信息，不断进行改进和优化。ADDIE模型包括五个阶段：分析（Analysis）、设计（Design）、开发（Development）、实施（Implementation）、评估（Evaluation），这五个阶段中，分析与设计是前提，开发与实施是核心，评估为保证，三者互为联系，密不可分。下面将详细描述ADDIE模型的五个阶段。

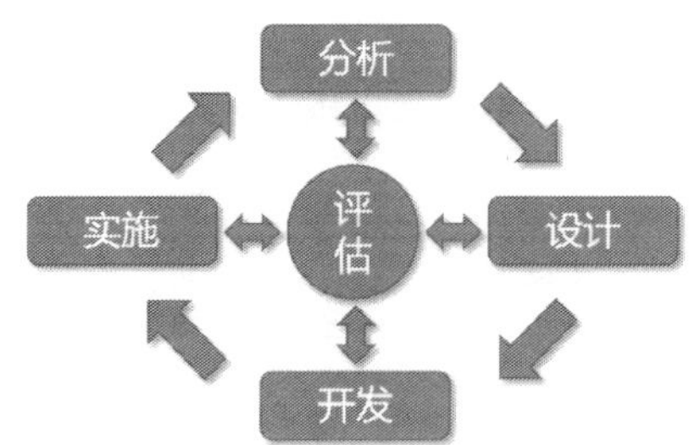

1. 分析（Analysis）

分析阶段是课程设计的首要步骤，目的是确定课程的目标受众、学员需求、课程目标和教学资源等，确保课程的设计和开发能够符合教育目标和学习者的需要，为后续的阶段提供有力的支持。在这个阶段中，需要系统地收集和分析与课程相关的信息，例如学员的背景、学习需要、兴趣爱好等。此外，还需要定义课程目标的层次，并确定所需要的教学资源。

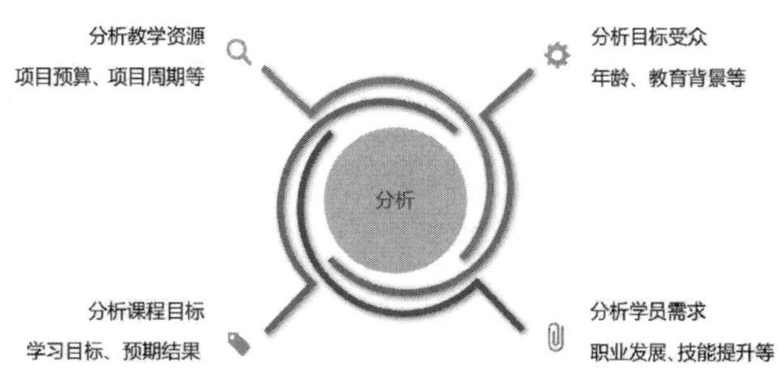

具体来说，分析阶段包括以下几个方面。

（1）分析目标受众

明确该课程的受众群体，包括年龄、教育背景、岗位、技能等关键因素。例如针对新任管理者和资深管理者设计管理课程时，课程内容是不一样的；同样的课程内容，40+ 年龄段和 20+ 年龄段所适用的教学方法也是不一样的。

（2）分析学员需求

分析学员的需求意味着了解他们为什么要参加这门课程以及他们期望从中获得什么。可以包括职业发展需求、技能提升需求、兴趣和动机等。课程的内容和教学方法应该根据学习者的需求来设计，以确保课程具有实际应用价值。例如，A 学员的需求是通过培训，能厘清竞品与自家产品的区别；B 学员的需求是通过培训，厘清销售流程，提升自家产品销量。可以看出，A 学员和 B 学员虽然都是针对产品，但需求是不一样的。在分析阶段，可以通过问卷调查或访谈等方式收集培训需求。

（3）分析课程目标

根据目标受众的需求和期望，明确定义课程的学习目标和预期结果。该阶段需要详细地描述课程目标，包括课程的整体目标和各个章节的学习目标。这些目标需要符合 SMART 原则，并与学员的需求和组织的目标保持一致。例如，某外贸公司开发一门英语写作课程，整个课程的目标是“学员通过该课程的学习，能够熟练掌握英语写作的基本技能，包括语法、句型、段落结构等，能够撰写清晰、连贯、逻辑性强的英语文章”，那么在该课程的每个章节中，都会有相应的章节目标，例如第一章的目标可能是“学员能够正确描述英语写作的基本规则和原则，掌握英语语法的基础知识，能够撰写简单的英语句子和段落”；第二章的目标可能是“学员能够理解并运用一些常见的英语句型和段落结构，能够撰写一些常见类型的英语文章，如日记、书信等”。

（4）分析教学资源

该阶段需要评估课程开发所需的资源和约束条件，包括项目预算、相关人员、技术设备、项目周期等。明确所需资源的数量和质量，并在规定的约束条件内设计和开发课程。例如，当决定开发一门课程的时候，需要确定该课程的项目开发周期，每个时期的节点需要投入多少资源。

某企业迫切需要开发一门 IT 培训课程，旨在帮助员工掌握基本的计算机操作和软件使用技巧。这门课程的课程开发任务由甲老师全权负责。

首先，甲老师对企业现状进行了深入分析。明确了这门课程的目标受众，主要是新入职的企业员工，涵盖了秘书、文员等行政岗位的人员。通过问卷调查，甲老师初步得出结论：大多数员工在使用 Excel 软件方面存在明显的不熟练，特别是在使用 Excel 的公式和数据透视表模块方面。

其次，基于调研数据，甲老师将该课程的课程目标定义为：通过 1 天的培训，学习者应能够达到以下两个关键目标：①熟练掌握 Excel 公式的基本使用方法，包括常见函数的应用和自定义公式的创建等；②熟练掌握 Excel 数据透视表的基本使用方法，包括数据透视表的创建、字段的拖放、过滤、分组、计算等。

最后，为了确保顺利实现课程目标，甲老师制定了详细的课程开发计划。他向培训部门申请了购买正版 Excel 软件的预算，以确保学员能够在课程中获得高质量的培训体验。此外，他还下载了一整套关于 Excel 的学习资料和练习视频，作为培训课程的重要教材资源。

2. 设计（Design）

设计阶段是在分析阶段的基础上，制订教学方案的重要阶段。在这个阶段需要根据分析阶段获得的数据和信息制定课程大纲和教学计划，包括确定教学方法、课程内容、教学材料和评估方法。此外，在设计阶段中还需要确定课程的组织形式，以确保课程的有效性和吸引力。

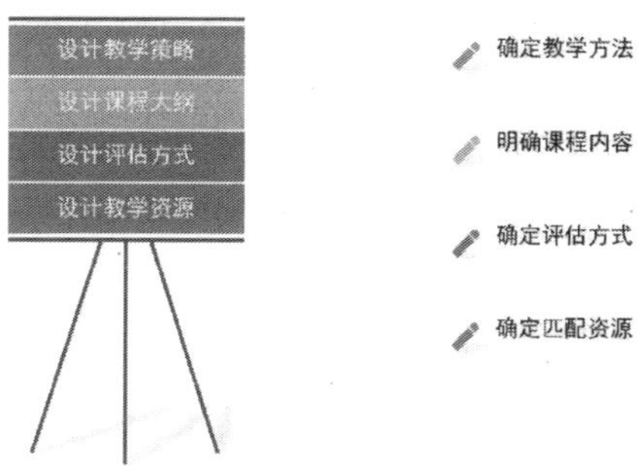

具体来说，设计阶段包括以下几个方面。

（1）设计教学策略

根据分析阶段所确定的目标受众的需求和特点，制定相应的教学策略，这涉及选择合适的教学方法。例如，在开发销售技巧培训课程时，为了增强培训效果，可以选择案例分析法、角色扮演法、小组讨论法为本门课程的教学方法。

（2）设计课程大纲

在设计阶段需要制定详细的课程大纲，明确课程的课程背景、整体结构、学习目标等，帮助指导课程内容的组织和安排，明确课程学习重点，确保与课程目标的一致性。以下是关于“目标管理”的课程大纲。

课程背景
目标管理是企业管理中的一项重要内容，其核心在于确定和达成组织的目标，以确保企业能够顺利运营并持续发展。在当前激烈的市场竞争环境下，企业需要不断提高管理效率，有效实现目标，才能在竞争中占据优势地位。因此，对于企业来说，通过开展“目标管理”课程培训，可以帮助员工掌握目标管理的理论知识和实际应用技能，提高目标管理水平，为企业的发展提供支持和保障。 该课程的开发背景主要有以下几个方面。 1. 企业管理需要提升：目标管理是企业管理中的一项基本要素，而企业管理需要不断提升以应对市场竞争和变化。通过开展“目标管理”课程，企业能够提升员工的管理能力，使其更好地实现组织目标。 2. 员工职业发展需要：在竞争激烈的就业市场，员工需要不断提升自身能力以适应市场的变化和发展。“目标管理”课程可以帮助员工掌握目标管理的知识和技能，提高自身职业竞争力。 3. 满足员工学习需求：员工的学习需求与公司的发展需要密切相关，因此企业需要通过提供课程培训来满足员工的学习需求，激发员工的学习兴趣和热情，提升企业的组织绩效。 4. 符合行业标准：目标管理是企业管理中的重要内容，对于一些需要遵循行业标准或规定的企业来说，必须提供相关培训，以确保企业的管理符合行业标准。

续表

课程简介
目标管理是一种全面的管理方法，用于确定和实现组织的战略和目标。本课程旨在提供关于目标管理的基本知识和技能，使学员能够更好地了解如何有效地规划、执行和监控目标，从而实现组织的长期成功。
课程目标
1. 了解目标管理的基本概念和原则。 2. 掌握目标管理的步骤和流程。 3. 学会如何有效地制定和执行目标。 4. 掌握如何评估和监控目标的进展和成果。 5. 了解如何应用目标管理来提高组织绩效和实现战略目标。
课程结构
第一课：目标管理概述 ◇目标管理的定义和原则 ◇目标管理的重要性和价值 ◇目标管理的步骤和流程 第二课：目标制定 ◇目标制定的原则和技巧 ◇目标制定的层次和分类 ◇目标制定的方法和工具 第三课：目标执行 ◇目标执行的原则和方法 ◇目标执行的关键成功因素 ◇目标执行的挑战和解决方案 第四课：目标评估 ◇目标评估的方法和工具 ◇目标评估的指标和标准 ◇目标评估的结果分析和反馈 第五课：目标监控 ◇目标监控的方法和工具 ◇目标监控的频率和时间 ◇目标监控的挑战和解决方案 第六课：目标管理应用 ◇目标管理在组织绩效提升中的应用 ◇目标管理在战略规划中的应用 ◇目标管理在个人职业规划中的应用
教学方法
讲授法、提问法、案例分析法、小组讨论法
课程评估
1. 学员将完成一份目标管理的实践计划，包括目标制定、执行、评估和监控等步骤，以评估学员的掌握情况。 2. 学员将参与小组讨论和演练，以检验其对目标管理的理解和运用能力。 3. 学员将完成一份期末考试，以评估其对课程内容的掌握程度。

（3）设计评估方式

在设计阶段需要确定如何评估学员的学习成果，包括确定评估方式和标准。可以通过学员的个人表现、小组讨论、课堂练习、作业评分的结果进行评估。

（4）设计教学资源

确定课程需要配备的教学资源，包括课程材料、多媒体教具、演示文稿等，这些资源将支持教学过程，使学习更加丰富和有趣。例如，根据课程要求，需要制作一套该课程的学员手册和讲师手册、设计一套与手册相匹配的 PPT 演示文稿、三套与课程内容相关的案例研究材料等。

3. 开发（Development）

开发阶段是将设计阶段规划的课程设计方案转化为实际可执行的教学材料、活动和评估工具的过程。在这个阶段中，开发人员需要编写教材、制作幻灯片、设计教学活动和编写练习题等，课程开发人员需要密切关注设计阶段提供的指导，确保开发的内容与指导相符。同时，也需要不断进行测试、修改，以满足学员的需求。比如，当教学材料开发完成后，通过“说课”或“试讲”的形式，对教学材料进行测试和修订，以确保最终产品的质量和有效性。

刚接触 ADDIE 模型的培训师容易分不清设计阶段和开发阶段的区别，设计阶段的核心目标是为开发阶段提供清晰的课程蓝图，开发阶段的核心目标是根据课程设计人员制定的课程蓝图，将这一设计转化为实际的教育资源和教学活动，这两个阶段相辅相成，确保最终的课程具有高质量和效果。

当前阶段	依据阶段	依据内容	输出内容
设计阶段	分析阶段	目标受众、课程目标、学员需求、教学资源等	设计方案：课程大纲、课程计划、教学资料和教学策略等
开发阶段	设计阶段	设计方案	课件制作、教材制作、教案制作、教学活动设计等

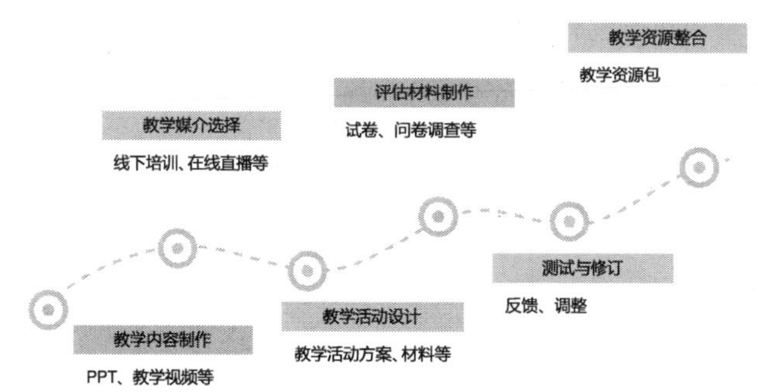

具体来说，开发阶段包括以下几个方面。

（1）教学内容制作

基于设计阶段的课程大纲将教育目标具体化，将需要传授的知识和技能转化为具体的 PPT、教学视频、讲义、练习册等教学材料，制作教学内容。例如，在讲授“目标管理的方法和工具”时，把关键概念（如 SMART 原则）转化成 PPT 的形式呈现，再根据课程需求决定是否配备辅助教学视频。

（2）教学媒介选择

根据设计阶段的课程设计方案，选择适合的教学媒介，比如线下培训、在线直播、录制视频等。例如，针对特殊情况，如新冠疫情防控期间，为了保证参与学员的人身安全，适合选择线上直播 + 社群打卡的方式开展培训项目。

（3）教学活动设计

根据设计阶段的教学策略开发合适的教学活动。比如用角色扮演法讲解销售流程时，课程开发人员需要设计角色扮演法中每个角色的背景、需要达成的目标、角色和目标之间的限定条件等。

（4）评估材料制作

根据设计阶段的评估方案开发合适的评估材料。例如，为了评估业务部门对于产品知识的掌握程度，甲老师在设计阶段决定采用考试的形式检测培训效果。在开发阶段甲老师根据课程内容设计了一套试卷，试卷考核的内容包含了产品的基本信息、产品卖点、与竞品的区别等，试题的类型包括单选题、多选题和判断题。

（5）测试与修订

在开发过程中，可能会发现需要改进的课程内容或教学方法。开发者应该根据相关人士的反馈及时对课程进行调整，以改进教学效果和课程质量。在教学材料制作完毕后，进行测试和修订，以确保教学材料的准确性和实用性。

（6）教学资源整合

整合教学材料、评估材料等资源，形成完整的教学资源包。作为培训师，我们要尊重知识产权，不应该任意传递未经授权的商业课件。在发送教学资源包时要注意区分对象，学员用的资源包和培训师用的资源包所包含的内容是不一样的。

为了提高员工的商务礼仪素养和应对商务场合的能力，使员工在职场中展现出更好的形象和职业态度。甲老师决定开发“商务礼仪”课程。

在设计阶段，甲老师已经梳理了该课程的课程大纲。为了保证培训效果，甲老师决定采用线下培训的方式。甲老师精心设计了如何有效地传授商务礼仪知识。对于大纲中的“坐姿、站姿”知识点，甲老师决定采用讲授法＋图片／视频演示法＋实操演练的方式讲解。因此甲老师制作了PPT，上面展示了标准坐姿的图片，在展示图片的过程中讲解坐姿的要点。讲解完成后，通过视频的方式，让学员回顾知识点，识别视频中错误的地方并指正，最后邀请学员上台演示并讲解要点。甲老师将通过以上流程完成该知识点的讲授。

为了使培训效果最大化，根据设计阶段决定的评估方式，甲老师设计了培训考核试题，主要考查内容包括商务社交礼仪、商务餐桌礼仪、商务沟通礼仪，为了便于数据统计，题型设置为单选题和判断题。此外还设计了一套角色扮演试题，学员将通过扮演故事中的两个角色，实际应用所学的礼仪知识，并由培训师进行评分。

在课程开发完毕后，甲老师邀请内部的老师评价，通过“说课”的方式，收集了不同的意见，为课程的优化提供了帮助。为了使这门课程能够在企业传承下去，甲老师精心整理了课程资料包，纳入了企业培训课程库，为后续讲授该课程的培训师指明了方向。

4. 实施（Implementation）

实施阶段是将开发阶段形成的课程材料组织起来，并确保它们以有效的方式传达给学员。这一阶段也是整个ADDIE模型的核心和重点，是将之前的设计和开发落实为实际的教育或培训活动。在这个阶段，课程或培训计划被推向前线，学员开始接受培训，而培训师需要确保整个过程按照计划有序进行。

具体来说，实施阶段的主要任务包括以下几个方面。

一是培训师要对课程材料进行试讲，以验证教材的适应性和有效性。试讲的过程中，培训师要关注学员的反应和理解情况，及时调整课程内容和教学方法。建立课程反馈机制，及时收集学员对课程的反馈和建议，以便改进和完善课程。

二是在试讲的基础上进行课程评估，即第五阶段评估。评估的目的是检查课程设计是否符合学员需求、教学目标是否达成、教学方法是否有效等。评估结果将影响后续的课程修改和改进。

在实施阶段，培训师需要注意以下几个方面。

（1）注意时间管理

培训师必须严格遵循之前在设计阶段和开发阶段制订的教学计划。这个计划详细描述了每个章节的时间安排，包括每个教学方法所需的时间。通过严格执行计划，控制教学进度，可以确保课程在规定的时间内完成，而不至于超出或过于仓促。

（2）注重与学员的互动

传统的教学模式是以教师为中心，而现代教学是以学员为中心。在实施过程中，培训师需要积极与学员互动，鼓励他们提问、讨论和分享。通过与学员的积极互动，可以激发他们的学习兴趣，提高学习效果。

（3）定期更新教材

课程内容应保持时效性和适应性。培训师需要定期检查和更新教材，以确保其与最新的行业趋势和知识保持一致。此外，教学方法也应根据当期学员的需求和反馈进行调整和改进，以提供更好的教育体验。

（4）保持教学热情

培训师的教学热情是成功的关键之一。情绪是可以传染的，培训师的情绪和态度可以对学员产生积极的影响，鼓励他们更加热情地投入课程中，形成学习场域。

课堂效果评分表						
培训课题		培训师				
评分项目	评分标准		占分	得分	合计
教学目标（10分）	符合课标要求，体现过程与方法、知识与技能、情感态度与价值观等要求		6		
	具体、明确且具有操作性		4		
教学内容（10分）	教材处理得当，教学重难点突出		4		
	课程容量适度，课时划分合理		3		
	能够结合实际和学科特点，渗透情感、态度、价值观教育		3		
教学过程（40分）	依据课程特点，提出具体问题，激发学员求知欲望，增强学员自学能力		5		
	能够创造师生平等交流、生生合作互动的学习氛围		10		
	面向全体，关注个性差异，并注重优生培养和差生转化		5		
	体现培训师释疑过程，突出重点，突破难点，并作适当的拓宽和延伸		10		

续表

课堂效果评分表					
培训课题		培训师			
评分项目	评分标准		占分	得分	合计
教学过程（40分）	及时组织课堂训练或落实，反馈学习效果，提高课堂效率		5		
	根据学科特点和教学内容，灵活选用教学方法，科学有序地组织开展教学活动		5		
教学效果（20分）	基本实现课时目标，大部分学员能完成作业并得到不同的发展		5		
	学员主动地参与学习活动，相互合作、共同探究学习问题，乐于分享成绩，交流心得		5		
	师生精神饱满，课堂气氛活跃，学员参与面广，能够体验学习和成功的愉悦		5		
	学员注意力集中，积极主动，默契配合培训师教学		5		
培训师素质（10分）	心理素质好，教态亲切、自然、庄重、大方，具有较强的亲和力		2		
	语言标准规范，生动精练，清晰准确，讲解示范符合科学性，形象性、逻辑性、情感性强		2		
	书写规范，字迹工整美观，条理清楚；布局合理，重点突出		2		
	据实际需要恰当运用现代教育技术或其他教学手段辅助教学；能利用、开发教学资源提高教学效益		2		
	应变自如、灵活运用教材，现场驾驭能力强		2		
教学特色（10分）	贯穿先进的教学方法，渗透先进的教学理念		5		
	具有明显的教学风格，并在某些方面具有创造性		5		
评分人		评分日期　20××年××月××日	得分合计		
课堂教学建议					

5. 评估（Evaluation）

评估阶段是对课程进行评估和反思的阶段。评估结果可以用来调整课程设计和开发的不足之处，为下一次课程开发提供反馈和改进意见。该阶段包括两个方面的评估：形成性评估和总结性评估。

（1）形成性评估

形成性评估指在课程开发和实施过程中，通过对学员、教学内容、教学方法和教学环境的观察和反馈，对课程进行实时的调整和改进。常用的形成性评估方法包括观察法、提问法等。例如，培训师可以通过观察学员在课程中的表现、参与度、互动情况、听课笔记和作业等来判断课程效果，然后及时调整教学方法和内容。通过形成性评估，学员可以了解自己的学习进步情形，获得学习上的反馈，借以肯定或修正自己的学习方式。

（2）总结性评估

总结性评估是指在课程结束后对整个课程进行综合评估，以确定课程是否达到预期的目标，并为下一次课程开发提供参考。常用的总结性评估方法包括问卷调查、考试、个案分析等。例如，在企业内部培训中，可以通过问卷调查或者考试等方法，来评估培训的效果，包括学员对课程的满意度、对课程内容的掌握程度等。通过总结性评估，可以对学员在整个培训项目的收获做一个综合评定，并将评定的结果反馈给直属上级。

甲老师正在开发一门“时间管理”的课程，该课程的目标是帮助学员掌握时间管理技能。在这一课程中，甲老师计划采用多种评估方式来确保学员能够全面理解和应用所学的时间管理原则。以下是可行的评估方式：

1. 形成性评估

（1）课前调查问卷。向学员发放调查问卷，了解学员对时间管理的理解和使用的情况，以及他们在时间管理方面的主要困难和需求。问题可以涵盖以下几个方面。

一是对时间管理的理解程度。

二是是否使用过时间管理工具或技巧。

三是是否觉得在日常工作或学习中存在时间管理上的挑战。

四是对于本课程的期望和需求。

（2）课堂小测验。在课程中间设置小测验，测试学员对课程内容的掌握程度，并及时纠正学员的误解和不正确的观念。例如，可以设计选择题、判断题、填空题等形式。

（3）课堂互动。在课堂上增加互动环节，例如提问、讨论、小组活动等。这些互动环节有助于了解学员对于时间管理的认识、态度和行为。通过观察和参与学员的讨论，甲老师可以获取实时反馈，更好地满足学员的学习需求。

2. 总结性评估

（1）课程满意度调查。在课程结束时，向学员发放调查问卷，了解他们对课程的满意度和评价，以及对课程的改进建议。

（2）学习成果展示。要求学员在课程结束后提交一份时间管理计划书，展示他们在课程中所学到的时间管理技巧，并说明如何将这些技巧应用到自己的实际工作和生活中。这项任务将帮助甲老师评估学员是否能够将所学知识转化为实际行动，并以更具体的方式展示他们的学习成果。此外，为了促进学员的持续进步，甲老师可以定期评估和反馈学员提交的实践计划，确保他们在时间管理方面不断改进。

二、培训考核题库：基于题库构建的个性化考核系统

在培训结束后，培训师需要验证学员是否真正掌握核心知识点，测验是非常有效的方法之一，这点与 ADDIE 模型的评估阶段相呼应。通常情况下，培训测验试题是由培训师亲自设计，但在某些情况下，培训专员也需参与试题设计。例如，某企业的培训专员主要负责维护在线培训平台，在引入外部在线课程或者将内部录制的课程上传到平台时，可能没有相应的测验试题可供使用，培训专员就需要根据培训内容设计测验试题。

本节将解决三个问题：培训试题的类型有哪些？测评结果的报告方式有哪些？如何根据培训内容设计培训试题？

传统的测验题型一般可分为两类：客观题和主观题。客观题往往具有良好的结构，对学员的答案限制较多。学员的回答只有对错之分，因此评分工作比较容易满足要求。这类题型包括单选题、多选题、判断题、填空题、连线题等。主观题则要求学员自己组织想法，并采用合适的方式表述出来。这类题型包括简答题、辨析题、案例分析题等。评分需要依据评分标准对学员的答案或作品进行判断，而不仅仅是找出简单的对错。对主观题的评估必不可少地涉及主观评价，如有些评审员会认为答案立意新颖，而有些则会认为答案跑题。

1. 单选题

单选题是指对于给定的答案中有且只有一个标准答案。单选题的解题技巧有两

种，一种是由题干直接推导出答案，这种技巧要求答题者必须具备丰富的基础知识，能理解事物之间的因果关系；另一种是采用排除法，逆向思考问题。例如，选择正确答案时，答题者可以通过排除明显错误的答案来确定正确选项。

良好的选择题，题干应该明确简单，但选项又深具迷惑性，能有效地诊断学员的错误理解。如果题目出得理想的话，选择题应具有如下优点：有较大的灵活性，能够在一个测验里尽可能多地从课程内容中取样；易于计分，客观性强。基于这些优点，大多数培训师都倾向于使用选择题。然而，编写高质量的选项是极具挑战性的任务。培训师需要十分熟悉学员可能持有的错误观念，才能编写出有诊断功能的选项，从而能有效地证明差生确实对所学知识点掌握得不够牢固。培训师给出的错误选项要让掌握知识点的学员看出是明显错误的，但让没有掌握知识点的学员认为其疑似正确、有理。

1. 以下不属于柯氏四级培训评估模式的是（　　）

A. 反应评估　　B. 学习评估　　C. 行为评估　　D. 绩效评估

答案：D，柯氏评估模式第一级为反应评估，第二级为学习评估，第三级为行为评估，第四级为成果评估。

2. 美国当代著名心理学家、教育家本杰明·布鲁姆提出了 ASK 型，ASK 对应指的是（　　）

A. 技能 / 知识 / 态度　　B. 态度 / 知识 / 技能　　C. 态度 / 技能 / 知识

答案：C，A 即 Attitude，指的是态度；S 即 Skill，指的是技能；K 即 Knowledge，指的是知识。

2. 多选题

多选题是一种正确选项数目多于一个的试题题型。多选题一般规定答题者选出两个或多个正确答案，并根据所选正确答案的数目给出对应的分数。如果选错一个答案则不给分，以免出现选择全部选项而送分的现象。当正确答案数目可以在一个到所有选项数目之间取任意值时，称为不定项选择题。

1. ADDIE 模型是培训行业最常见的课程开发模型，包括（　　）

A. 分析　　B. 设计　　C. 开发　　D. 管理　　E. 评估

答案：ABCE，ADDIE 五个字母分别表示：Analysis（分析）、Design（设计）、Development（开发）、Implementation（实施）、Evaluation（评估）。

2. 在开展企业新员工培训项目时，在项目设计上可以包含以下哪些内容（　　）

A. 企业文化　　B. 应知应会　　C. 破冰　　D. 参观企业

E. 开营仪式 / 结业典礼

答案：ABCDE，A、B、D 选项为项目培训内容，C 选项为项目热场内容，如果采用训练营形式，可以有 E 选项。

3. 判断题

判断题是一种选择对或错来回答问题的试题类型。通常是给出一个陈述句或段落，答题者需要在括号内打上“√”或“×”表示正确或错误。判断题只有两种答案，相较多选题似乎更容易，但很多判断题看上去似是而非，常使答题者感到捉摸不定。在解答判断题时，答题者必须仔细阅读全文，因为“√”或“×”是针对整体内容的判断，只要有一部分是错误的，整个试题便应被视为错误。

培训师在出题时，可参考下列建议：一是陈述句的表述应明确。尽量避免否定句，尤其是双重或多重否定句。句意明确简短，让学员只能作出是或非的判断。二是陈述句的内容应侧重事实性知识而不是意见、价值观类的看法。如果涉及观点性内容时，应提到出处或观点的提出者。例如，题目可以是“与皮亚杰相比，维果茨基更强调学习的社会性，认为学员的学习会受到社会性相互作用的影响”；而不是“学生的学习会受到社会性相互作用的影响”。陈述句不宜从教材上照搬套用，词句应有所变化，以便考查一下学员的理解能力，而不是纯粹的死记硬背。三是错误句的编写应具有一定的说服力，看上去似是而非，但不要使用无关语句作为圈套去误导学员做出错误的反应。

1. 学习金字塔是美国缅因州国家训练实验室的研究成果，它用数字形式形象显示了采用不同的学习方式，学习者在两周以后还能记住内容（平均学习保持率）的多少。其中，学习金字塔最后一层，即金字塔基座位置的学习方式是“做中学”或“实际演练”，可以记住 90% 的学习内容。（　　）

答案：×，最后一种是“教别人”或者“马上应用”，可以记住 90% 的学习内容。

2. 销售类岗位培训课程、中层管理人员培训课程、人力资源类岗位培训课程都是基于职能划分的课程体系。（　　）

答案：×，基于职能划分的课程体系包括销售类岗位培训课程、生产类岗位培训课程、客服类岗位培训课程、财务类岗位培训课程、人力资源类岗位培训课程等，而中层管理人员培训课程是基于职级划分的课程体系。

4. 填空题

填空题的基本形式是在提供已知条件后，使用横线代替要问的答案，由答题者填写的试题类型。填空题的难度比选择题、判断题提升了一个档次，要求答题者对考核内容有较高的熟悉度，能根据题干的描述推断需要填写的内容。编写填空题需要注意以下几点。一是学员填写的应该是一些关键字句，并与上下文有密切关系；二是在一道题内不要留过多的空白，否则会失去意义上的连贯性，使学员无法理解题意。一般留有一个或两个空白较为适宜，且空白的长度应相等，以免对正确答案的字数产生暗示作用；三是为每题准备一个正确答案和可接受的变式的标准，并具体规定部分答案正确是否也可适当给分。

填空题的答案具有唯一性，但通常并不具备标准性。因此对于培训师来说，评卷的工作量较大。例如，在培训领域应用最广泛的评估模型是什么？柯氏评估模型、柯氏四级评估、柯氏四级评估模型都可以被视为正确答案。因此，一些填空题可能不适合在线平台自动统计数据。

1. 在进行培训需求分析时，可以使用的方法有访谈法、问卷调查法、观察法、关键事件法等，其中访谈法可以根据流程的标准化程度分为____、_____和_______。

答案：结构化访谈、半结构化访谈、非结构化访谈。

2. SMART 原则让管理者对员工实施绩效考核时更加科学化、规范化，具体来说，SMART 分别指的是 S 具体的、M 可衡量的、A_____、R_____、T 有时限的。

答案：SMART 原则包含了五个点，分别是 Specific、Measurable、Attainable、Relevant、Time-bound，其中 A 指的是可达到的、R 指的是相关的。

5. 连线题

连线题是一种常用于测试学员对概念、原理或流程的理解和掌握程度的试题类型。在连线题中，给定一组概念、原理或流程，学员需将它们正确地连接起来，通常要求用箭头或其他指示符号表示连接方向。这种试题类型适用于测试学员的理解和记忆能力，以及对知识点的掌握程度和应用能力。

在编制连线题时，培训师应注意以下几点。一是题目的表述应清晰。题意应清晰简要，避免晦涩难懂的文字。指明两栏的关系，如定义和术语，主人公和作品，数学表达式和运算结果等，以及每个项目能够匹配多少（0—2 不等）个选择项。二是题目结构和排版应合理，应尽量使用不等项的匹配题（如左边匹配列 4 个选择项，而右边答案列则有 6 个答案项），避免学员采用排除法来答题。

1. 将左侧的培训相关术语与右侧的描述相匹配。

（1）培训需求分析	A. 用于传授知识和技能的具体教育策略
（2）学习目标	B. 包括教材、多媒体资源和其他帮助学员学习的工具
（3）教学方法	C. 课程设置的整体规划
（4）评估和反馈	D. 定期评估学员的学习进度，并提供反馈
（5）学习资源	E. 描述了学员在课程结束时应该掌握的内容和能力
	F. 确定学员需要学习的内容，以及培训的目的和范围

答案：（1）F，（2）E，（3）A，（4）D，（5）B

2. 将左侧的概念与右侧的描述相匹配。

（1）SWOT 分析	A. 包括激励、沟通、决策和指导团队以实现目标
（2）平衡计分卡	B. 以财务、客户、内部运营和学习成长四个维度为基础
（3）项目管理	C. 包括情绪管理、社交技巧和同理心等方面的素养
（4）领导力	D. 用于评估企业的优势、劣势、机会和威胁
（5）情商	E. 用于规划、执行和监控具有明确目标、预算的项目
	F. 通过实施计划、组织、领导、协调、控制等职能来协调他人的活动，使别人同自己一起实现既定目标的活动过程。

答案：（1）D，（2）B，（3）E，（4）A，（5）C

6. 简答题

简答题主要用于评价答题者对基本知识的掌握情况，一般只要求答题者回答问题的要点，回答应简明扼要、突出重点，无须详细阐述。简答题不利于发挥答题者创造性思维，因而主要考查答题者对基本概念、专业名称等知识的掌握，不适用于测验复杂的内容。

1. 请简述人才培养的“721”学习法则。

答案：（1）“721”学习法则由摩根、罗伯特和麦克三人在合著《构筑生涯发展规划》中正式提出。（2）该法则认为成人学习 70% 来自真实生活经验、工作经验、工作任务与问题解决，20% 来自反馈以及与其他角色榜样一起工作并观察和学习该榜样，10% 来自正规培训。

2. 请简述 360 度反馈法和传统绩效评价的不同点。

答案：（1）反馈来源。传统的绩效评价通常是由上级对下属进行评价，而 360 度反馈法则包含多个来源的反馈，包括上级、下属、同事和客户等。（2）评价内容。传统的绩效评价通常着重于员工的工作表现和完成情况，而 360 度反馈法则更加综合和全面，不仅考虑员工的工作表现，还包括员工的工作态度、沟通能力、领导能力等方面。（3）评价方式。传统的绩效评价通常采用定期面谈的方式进行，而 360 度反馈法则采用匿名问卷的方式进行，更加隐私和保密。（4）目的和效果：传统的绩效评价通常是为了确定员工的工资、晋升和奖励等，而 360 度反馈法则更加注重员工的个人成长和发展，可以帮助员工了解自己的优势和不足，更好地改进和提升自己的能力和表现。

7. 辨析题

辨析题是一种需要答题者先判断陈述的正误，然后解释判断依据的试题类型。解答步骤一般为先判断题干描述是正确的、错误的还是片面的，再分点解释支撑该判断的依据，最后提出结论。

培训师可采用如下一些简单做法来减少主观性：（1）题目应明确清晰。培训师应确保题干的文字清晰、题意明确。培训师可试做一遍题目，这样既有助于发现题目的漏洞，也有助于编写评分标准和估计出答题时间。（2）降低评分的主观性。培训师在出题时，应详细列举出评分标准，即每个题目所计划考查的知识点，以及每答对一个要点所给的分数；评分标准中也应明确规定如何处理一些与理解水平无关的因素，如书写、卷面清洁、篇幅长短、语句通顺、段落的结构等；在评分之前，培训师还可先随机挑出几份试卷浏览一下以便大致了解评分标准是否合理。

1. 在培训中，讨论法有助于提升学员之间交往、团队协作的能力，这比传统的讲授法更适用于现代的培训环境。请对这种观点做出判断和分析。

答案：题干中的表述是片面的。讨论法可以提高人际交往能力、团队协作能力，但是每一种方法都有优缺点，讨论法在一定条件下比传统的讲授法更适用于现代的教学环境，但并不是绝对的。

（1）讨论法是学员在培训师指导下为解决某个问题进行探讨、辩论，从而获取知识的一种方法。优点是有利于学员集思广益，互相启发，加深理解，提升人际沟通能力和团队协作能力，但不一定适用所有的现代教学环境。运用讨论法需要学员具备一定的基础，一定的理解力。

（2）讲授法是一种非常古老而又应用最广的传统教学方法，是培训师通过语言向学员描绘情境、叙述事实、解释概念、论证原理和阐明规律的一种教学方法。讲授法适用于大面积教学，同样适用于现在的教学环境。

综上所述，教学方法的选择需要考虑多种因素，如依据教学目的和课程的性质特点，学员年龄特征，培训师的业务水平等，所以题干表述不全面。

2. 有人说培训就是教育，教育就是培训，你觉得这个说法对吗？

答案：这个说法存在一定的争议。一般来说，教育和培训都是教育行业的一部分，但它们并不是完全等同的概念。

（1）教育是一种广泛的概念，它包括了各种各样的学习方式和形式。教育的目的在于传授知识、技能、价值观和道德规范等方面的内容，从而培养学习者的认知和情感能力、实践能力、创新能力以及解决问题的能力，促进学习者全面发展，具有长期性。

（2）培训则是一种针对特定工作场景和职业需求的学习形式，是为了增强员工在工作中所需的技能和能力而进行的有计划、系统的活动。培训的目的在于提高员工的工作能力和绩效，从而提高企业的整体业绩。培训通常都是短期的。

（3）在现实生活中，教育通常是指学校教育，包括幼儿园、小学、中学、大学等，而培训通常是指职业培训、技能培训、企业内部培训等。

（4）在实际应用中，教育和培训也有很多交叉的地方。例如，在企业中，培训可以通过教育的方式来进行，即将传授的知识、技能和能力与企业的价值观和文化相结合。此外，在教育领域中，也可以通过培训的方式来进行，例如针对某些特定技能的培训，也可以使用讲座、工作坊等培训形式来进行。

因此，可以认为教育和培训是两种不同的教育方式。教育是一种更广泛、更全面的概念，而培训则是一种更为特定和实用的概念。在一定程度上，教育和培训是相互关联、互为补充的概念。在实际应用中，需要根据不同的情况和目标，选择不同的教育方式和形式，以达到最佳的教育效果。

8. 案例分析题

案例分析题通常是以某个具体案例或问题为背景，要求学员具备分析和解决该案例或问题的能力和方法。这种题型可以帮助学员将所学的理论知识应用到实际情境中，培养问题解决和实践能力。案例分析题会给出一段或数段案例材料，并要求学员就其中的问题或挑战展开分析和讨论，学员需要考虑问题的定义、原因、解决方案、实施过程等多个方面，以便全面理解和回答问题。这种题型有助于学员培养综合分析和判断的能力。

在编制案例分析题时，培训师除了要参照辨析题的注意事项外，还需要特别注意以下几点：一是题意应简单清晰。题目可能会出现公式、符号、表格、图形等，要注意配合必要的文字说明使学员理解需要解决的问题是什么。同时，题目也应明确要求学员尽量详细地把解决问题的步骤写出来。二是评分标准应注重解题策略和步骤而不是答案的对错。此外，详细的评分标准可促使培训师客观地评阅学员的答题，诊断出学员面临的困难或错题类型。

1. 某企业人力资源部门聘请了一位培训师，根据之前的简历可以看出该培训师具有一定的培训经验和相关的资质证书，但在实际的培训过程中，学员并不喜欢他的授课方式，整个课程过于沉闷，学员注意力明显不集中，培训效果不佳。

问题：请分析该培训师可能存在哪些问题？如何改进培训方式以增强培训效果？

参考答案：该培训师可能遇到的问题如下。

（1）缺乏针对性。培训师可能没有对学员的需求和背景进行充分的调研和了解，导致培训内容和形式与学员的实际需求和预期不符。

（2）教学方法不当。培训师可能没有选择适合学员的教学方法和策略，或者没有把握好教学节奏和内容难度，导致学员的兴趣和注意力无法持久。

（3）缺乏互动和反馈。培训师可能没有充分利用互动和反馈的机会，没有引导学员积极参与课堂互动，没有及时纠正学员的问题和误解。

提供的思路如下。

（1）建议该培训师在授课前认真备课，对课程内容和授课方式作好充分的准备。同时，要注意表达清晰，语言简洁明了，避免用过多的专业术语或难以理解的词汇。

（2）可以考虑采用互动式的授课方式，通过小组讨论、角色扮演等方式增加课程趣味性和参与度，让员工更好地吸收和掌握课程内容。此外，培训师还需注意时间管理和组织能力，确保课程进度合理，避免浪费时间或过于紧张。

（3）提供及时的反馈和辅导，例如采用360°反馈法、个案辅导等方式帮助学员发现问题和提高自我认知能力。

2. 张先生是一家公司的销售经理，他所在部门最近的业绩一直没有达到预期。他感到非常沮丧和失落，开始怀疑自己的能力，并认为自己可能不适合做销售经理。他开始拖延工作，不愿与同事交流，情绪低落，对未来缺乏信心。

问题：张先生遇到的情绪问题可能是哪些原因导致的？你认为应该采取哪些心理学方法来帮助张先生缓解情绪问题，重建信心？

参考答案：可能的原因如下。

（1）失败感。由于业绩没有达到预期，张先生开始怀疑自己的能力，进而对自己产生负面评价。

（2）市场变化。如果公司的销售策略或市场环境发生了变化，张先生可能感到不适应，进而影响到业绩变化，这也可能导致他的情绪问题。

（3）工作压力。作为销售经理，张先生可能面临着巨大的工作压力，这些压力会影响到他在达成业绩过程中需要执行的相关动作。

为了帮助张先生缓解情绪问题，重建信心，可以采取以下方法。

一是持积极心态训练：帮助张先生树立积极的心态，培养乐观、自信的情绪状态，重塑对未来的信心，培养积极的自我评价。

二是要焦虑管理：针对张先生可能面临的压力和焦虑，可以采用放松技巧和正向情境预想等方法来帮助他管理情绪。

三是要心理治疗：张先生可以寻求专业心理治疗师的帮助，学习如何应对挫折和压力，以及如何增强自我信心和自我效能感。

四是要培训和辅导：为了帮助张先生适应变化和提高工作能力，可以为他提供培训和辅导，帮助他学习新的销售策略和技能，并提供反馈和指导。

9. 测评结果的不同报告方式

不管我们使用何种测评方法，目的都是对获得的资料进行分析解释以便进行教学决策。培训师对测评信息的分析和评价就是测评结果，如分数、评语或等级。测评结果是学员用来评估自己学习成效的一项重要指标。对于学员自己、学员直属上级、培训师而言，测评结果无疑是了解学员学习状况的最便捷、有效的资料。下面将介绍测评结果的不同报告方式。

（1）分数

培训师通常用分数或数值来报告测评的结果，比如试卷的得分。培训师在报告分数时，可采用相对标准或绝对标准。相对标准是指学员的得分以其他学员的成绩为依据。例如，小西的成绩是 80 分（满分 100），按照绝对标准属于合格，但是按照相对标准却可能有不同的解释，如果整个课堂中的学员都考到 50 ～ 60 分，那么他的相对分数很高，达到了优秀水平；反之，如果学员们的分数都在 95 ～ 100 分，那么他的相对分数就非常低，很可能属于不合格水平。当培训师把全部学员的成绩排序时，也就相当于使用了相对标准来衡量学员的成绩。而绝对标准一般以学员所学的课程内容和教学大纲为依据。学员的分数和其他同学的回答情况没有关系。

培训师应有意识地培养学员对分数的看法和认识。有经验的培训师会引导学员对分数有正确的态度。一味追求高分只会使学员产生外部动机，而良好的学习动机应该是对掌握知识和技能的关注，而不是为了分数学习。所以，培训师需要使用各种测评类型，这样，学员的学习状况可以通过多种渠道反映；并且培训师也应设计有意义的测评任务，这样有助于激发学员对学习过程本身的兴趣，促使学员更注重运用所学的知识技能。

（2）合格与不合格

培训师有时候也会采用合格 / 不合格的评分制度来评定学员的成绩，而不是使用传统的分数。比如培训师可以根据学员是否完成了每次作业来测评，也可以根据学员是否完成课后转化，甚至有时只是根据学员的出勤状况。这种评分方法的最大优点在于降低了学员之间的竞争性，从而减轻了学员的考试焦虑。这种评价方法有利于创造出比较轻松、宽容的学习气氛，鼓励学员敢于尝试有挑战性的学习任务。

但是和传统的分数制度相比，合格 / 不合格提供的信息较少，学员、学员直属上级和培训师很难从测评结果中了解学员在学习中存在的问题和不足。由于没有考试和分数的压力，学员极有可能放松对自己的要求，把自己对学习的要求标准降低到合格甚至及格的程度。

（3）测评结果的其他报告方式

除了上述的方法外，培训师还可以使用其他方式来报告测评结果。培训师可以通过填写学员的个人鉴定或综合评定来描述学员在知识技能以及学习习惯上各个方面的优点和缺点。培训师在指出学员的缺点时，还应提出改正的建议和教育对策，并鼓励学员写出自己的意见。这种报告方法有助于培训师重视每个学员的表现，但比较费时，主观性较强，而且对培训师的书面表达能力要求也较高。

行为检查单和等级评价量表可作为报告测评结果的手段。这两种方法提供的信息比分数更加具体详细，学员可以从行为检查单上看到，他完成了哪些学习内容，在哪些方面还需要努力。由于行为检查单易于被理解，甚至可以考查态度、行为等非学业方面的内容，所以在教学中的应用较广。

下面列出的是合作技能的具体表现。使用它来指导你和同组成员的合作行为。在每节课结束前，对你自己的合作技能进行自我评价，并标注你做到的各项行为。

（1）积极参加小组的讨论

（2）倾听成员的想法

（3）参与小组的问题解决

（4）成功地完成分配给自己的任务

（5）帮助其他成员

下面列出的是合作技能的具体表现。使用它来指导你和同组成员的合作行为。在每节课结束前，对你自己的合作技能进行自我评价，并圈出对应的评价值。

	差	中	良	优
积极参加小组的讨论	1	2	3	4
倾听成员的想法	1	2	3	4
参与小组的问题解决	1	2	3	4
成功地完成分配给自己的任务	1	2	3	4
帮助其他成员	1	2	3	4

注：为了对比检查单和评价量表，这两个例子测评的是同样的目标行为。

如何根据培训内容设计培训测验试题？从试题内容上说，培训专员可以从课程中提取核心知识点，一般表现为培训师在总结环节传递的内容，或者在某小节花费时间较多的内容；从试题形式上说，一套试卷一般包括单选题、多选题和判断题，便于后台统计数据，另外再根据实际需要添加填空题，简答题、辨析题和案例分析题。

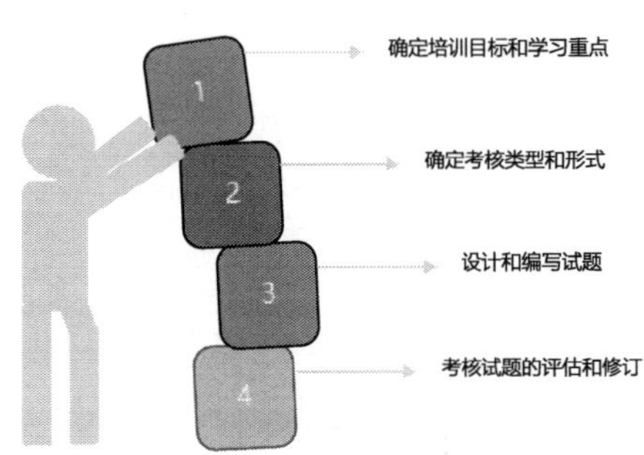

10. 考核试题的基本步骤

以下是设置培训考核试题的基本步骤。

（1）确定培训目标和学习重点

首先，明确定义培训的最终目标和期望学员能够掌握的核心知识点。这通常来自课程大纲或培训计划中的培训目标。前期可以跟培训师沟通，获得课程大纲，在跟课的过程中，依据课程大纲记录每个章节的培训内容和重点知识，必要时通过录屏的方式防止遗漏知识点。

（2）确定考核类型和形式

根据培训目标和学习重点，选择适当的考核类型，例如选择题、填空题、简答题、论述题等。确定考核形式，例如线上、线下。在选择题型时，需要考虑数据收集的难易程度，单选题、多选题、判断题三种题型的答案容易统计，因此在线上考试中经常出现。其他题型则需要人工评分，当样本量比较大的时候，收集数据的难度也就比较大。

（3）设计和编写试题

在确定试题类型和形式的基础上设计试题。培训试题的依据是培训目标，优先设置与培训目标相关的试题，在分数的权重上也应有所区分。如果可能的话，试题的描述应基于实际场景或案例，以便学员将理论知识迁移到实际情境中。需要注意，培训试题的描述需简洁明了，遵循语法和逻辑结构，避免歧义或模糊性。试题应符合考试规范，不应过于容易，以免无法准确地评估学员的能力；也不应过于困难，以免造成挫折感。

（4）考核试题的评估和修订

在培训结束后，对学员进行考核评估，根据学员的表现和反馈，调整试题内容和难度，提高考核的准确性和有效性。

三、培训演绎技巧：基于实战经验的讲台呈现技巧

培训需要精心设计，类似电影或舞台剧的编、导、演过程。其成功需要有一个精心设计的教学计划，一位能引导学员的培训师，以及一个舒适的学习环境，从而提供最佳的学习体验。尽管大多数培训师都拥有丰富的专业经验并对其领域有深刻的理解，但我们也必须承认一个事实，有些培训师在表达思想和观点方面存在一定的不足。他们未能有效地运用语言，以清晰且准确的方式传达信息。这种情况通常在进入培训领域的新人或者从其他行业转入培训领域的人身上更为常见。

王老师在某家公司担任市场营销部门的经理已经三年。尽管积累了丰富的市场营销经验，但她逐渐感到自己的职业生涯似乎缺乏深度和内涵。机缘巧合之下，王老师参加了一场有关企业培训的研讨会，其中一位跨界讲师的教学方法和影响力深深打动了她。从那一刻起，王老师下定决心将自己的职业生涯导向了培训行业。

她开始主动搜索培训机构的工作岗位，并决定参加培训师的资格认证考试。当时，她对于如何设计课程、有效传授知识、激发学员学习兴趣等方面一无所知。然而，尽管面对各种挑战和困难，她坚定地投身于学习和努力之中，在提升能力的同时最终成功获得了资格认证。

因为王老师并不是一直从事培训行业，导致面试碰壁。经过一段时间的尝试，王老师的首个培训工作是在一家大型企业负责新员工培训项目，她的任务是传授员工基本的工作技能以及公司的文化价值观。在这个过程中，她逐渐发现自己的市场营销经验和卓越的沟通技巧使她在课堂上表现出色。她开始逐渐喜欢上了培训的过程，也感到自己的职业生涯有了满足感。随着时间的推移，王老师逐渐崭露头角，成为备受欢迎的培训师。她的课程主题也不断扩展，包括领导力发展、沟通技巧、团队建设等多个领域。她一直秉持着对学员负责、对学习负责的态度，帮助他们在职业生涯中取得成功。

从市场营销经理到培训师的职业转变并非易事，但对于王老师来说，这是她职业生涯中最重要的决策之一。通过不断学习和勇敢尝试，她找到了自己真正的激情和才华，并在培训领域找到了事业的新方向。

这个案例表明，培训师需要面对各种挑战，不断提升培训演绎能力，以清晰、准确、引人入胜的方式传递知识。接下来将对演绎技巧展开论述，演绎技巧一般指培训师的课程呈现能力，包括声音、肢体语言等。

1. 声音

人的声音一般由四个因素决定：音调、响度、时长、音色。对于培训师来说，在传达课程内容的同时，声音的表现至关重要，因为富有变化和感染力的声音能够有效地吸引学员的注意力，让他们更专注地参与课堂学习。

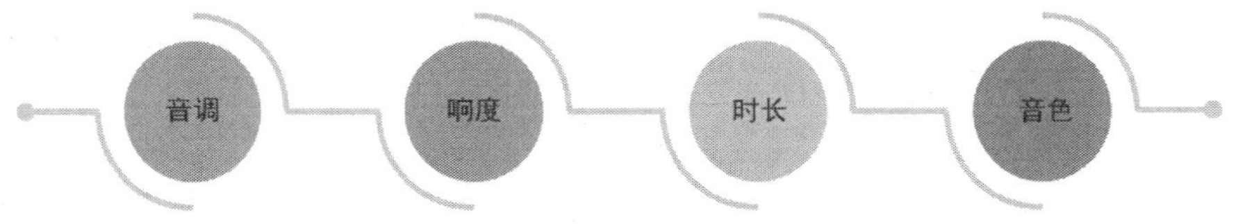

（1）音调

音调指的是声音的高低，由声音的频率决定，频率越大，音调越高。培训师可以通过改变声音的高低来吸引学员的注意力。例如，当培训师要强调重要的概念或知识点时，可以采用较高的音调，通常表现为尖锐的声音，以引起学员的注意力，使他们更加专注于课堂内容。

（2）响度

响度表示声音的强度，通常是人们主观感受到的声音大小，也称音量。它由声音的振幅和听众与声源的距离共同决定。振幅越大，响度越大；听众和声源的距离越小，响度越大。培训师可以通过改变音量来引起学员的关注。例如，在讲解案例的高潮部分，可以适度提高音量，吸引学员的注意；而在准备介绍方法论时，可以降低音量，以营造神秘感，引起学员的关注。

（3）时长

声音的时长指的是发音的持续时间。培训师在授课中一般都是正常发声，除非是特意拉长某个字或短语表示强调，因此时长主要体现在语速上。例如，当培训师讲解重点内容时，可以适度减缓语速，确保学员能够清晰地理解内容。而在介绍简单概念或过渡内容时，可以适度加快语速，以保持学员的兴趣。那如何确认自己的语速是否过快？一方面可以在培训结束后通过学员的反馈或观看录制视频确定是否需要调整语速，另一方面可以在培训过程中，在小结环节让学员进行总结或提问，确保培训内容已经传递给学员。

（4）音色

每个人的音色都是独一无二的，因此无须担心声音是否好听。关键是清晰地发音，确保每个字的发音准确，做到字正腔圆。每个字都可以分为字头、字腹和字尾三个部分，要确保字头清晰、字腹丰满、字尾稳定，使每个字的发音都富有力量和表现力。

王老师正在主持一场时长三小时的工作坊，他一直以柔和的语调传授课程内容，引导课程节奏，同时积极与学员们进行互动。由于时间较长，他经常感到嗓子有些干燥，导致声音略微嘶哑。尽管如此，他依然保持着平稳的音调和适当的响度，以避免刺耳或令学员感到疲劳。然而，在讲解课程中的某个关键知识点时，他察觉到学员们分心了。于是他故意提高了音量，成功吸引了学员们的注意力，之后又缓和下来，保持课程的渐进式引导。

在互动环节，王老师灵活运用个人经历和幽默故事来活跃课堂氛围，这让学员更积极参与互动。整场工作坊结束时，王老师尽管嗓子稍感不适，但由于他在音量和音调上的出色掌控能力，他的声音依然流畅自然，没有受到明显影响。

这个案例展示了王老师作为培训师在声音表现方面的高超技巧，他通过灵活调整声音元素，如音量、音调、语速等，巧妙地应对了不同授课情境，确保了课程的吸引力和效果。笔者曾与专业的声乐老师学习如何发声，经过多年实践，总结以下声音练习技巧，仅供参考。需要注意，这是练习技巧而不是速成技巧，需要在平时不断地练习，才能起到应有的效果。

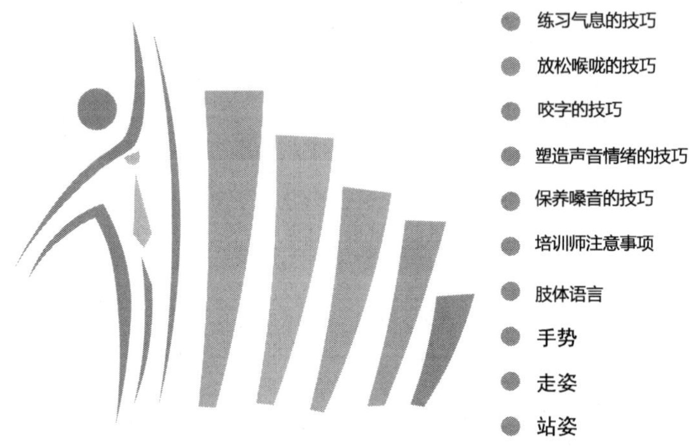

2. 练习气息的技巧

培训师需要长时间授课，如果没有充足的气息支撑，在讲课过程中就容易出现呼吸急促的情况，从而影响培训效果。建议新手培训师将课程时长控制在 1 至 2 小时。随着授课经验的积累，可以考虑逐渐增长授课时间，例如半天或 1 天的时间段。

（1）深呼吸练习

放松身体，深吸一口气，让气息以平稳连贯的方式从口腔流出，类似于吹气。这里需要注意两点：一是气息需要连贯且平均，即气息的流出不能断断续续，不能忽强忽弱；二是要尽量延长一口气的保持时间，这有利于锻炼肺活量。一种好的检测方法就是拿一张纸巾放在脸部前面，当呼气时，观察纸巾晃动的幅度，纸巾晃动的幅度并不大，证明气息的流动就比较稳定。此方法可以 5 个为一组，每次训练 5 组，总练习时长 5—10 分钟。

（2）“Ci”声音练习

放松身体，以“ci”的声音吐气。开始时以较慢的节奏，例如每组 4 个短“ci”音加上 1 个长“ci”音。进行 10 组后，逐渐加快节奏，再进行 10 组，以此类推，不断加快节奏。一般总计练习 50 组，可反复进行，每次练习 5—10 分钟。

3. 放松喉咙的技巧

培训师在授课的过程中，容易出现嗓子疲劳的情况，除了需要补充大量的水分之外，还可以通过“气泡音”练习来缓解嗓子疲劳，气泡音可以起按摩声带的作用，同时也是喉炎和声带小结患者康复的重要手段之一。

“气泡音”练习方法：充分放松喉头、面部，胸部松弛，口腔呈打哈欠的状态，由胸部缓缓升起一股气流，到达喉部时声带产生振动，被动地发出很大的、断续的

“啊”声，类似漱口时口中含有水的情况下仰头发出“咕嘟、咕嘟”的声音。由于文字描述可能显得过于简略，读者可以通过在线视频来观察“气泡音”的发声技巧，以更清楚地理解其实施方法。

4. 咬字的技巧

在课堂上培训师需要传递大量信息，清晰的发音对于课堂效果至关重要，同时也有助于树立培训师的专业形象。需要注意，这里提到的发音清晰度并不只是因为地方口音引起的。培训师应该尽量减轻地方口音的影响，少数具备独特风格的培训师，地方口音能给他们的授课效果带来帮助，但大多数情况下，地方口音可能会给人一种不够专业的印象。

（1）注意发音

在日常的沟通和培训过程中，有意识地注意每个字的发音。尤其在制作逐字稿的课程材料时，可以提前录制逐字稿的发音，以确保每组词和每个字的发音都准确无误。一种有效的方法是使用具有语音识别功能的应用程序，通过话筒输入文本，检查应用程序是否能够准确识别所说的内容。

（2）普通话练习

根据国家普通话等级考试的参考资料，练习文字的发音，确保符合普通话的发音规范。

国家普通话水平测试试卷（1）

一、读单音节字词（100 个音节，共 10 分，限时 3.5 分钟）

淡　笨　凝　要　秋　返　直　德　扰　蹦　伙　浑　英　条　挖　聘　莫　绢　虽　躬　墙　敛　郑　访　岳　毁　黑　丝　白　巨　马　龙　青　酉　车　辛　里　具　贝　佳　天　饿　家　海　前　山　毒　兔　熊　大……

二、读多音节词语（100 个音节，共 20 分，限时 2.5 分钟）

挂帅　恶劣　兴奋　昆虫　损坏　针鼻儿　排斥　听话　钢铁　利索　少女　荒谬　采取　恰当　怪异　满口　电磁波　愿望　若干　收成　降低　然而　浪费　苦衷　夜晚　手机　鼓励　起点　打针　食品　肯定　优美……

三、朗读短文（400 个音节，共 30 分，限时 4 分钟）

一位访美中国女作家，在纽约遇到一位卖花的老太太。老太太穿着破旧，身体虚弱，但脸上的神情却是那样兴奋。女作家挑了一朵花说：“看起来，你很高兴。”老太太面带微笑地说：“是的，一切都这么美好，我为什么不高兴呢？”“对烦恼，你倒真能看得开。”女作家又说了一句。没料到，老太太的回答更令女作家大吃一惊：“困境似无尽黑夜，然心怀希望坚守，转机自会携曙光破局。所以，当我遇到不幸时，就会等待三天，这样一切就恢复正常了。”

四、命题说话（请在下列话题中任选一个，共 40 分，限时 3 分钟）

1. 难忘的旅行　　2. 谈谈卫生与健康

（3）绕口令练习

绕口令是一种有趣的语言练习方法，认真练习绕口令可以增强口腔肌肉的灵活性，使口齿更为灵活，头脑反应更加敏捷，发音更加清晰。此外，绕口令练习也有助于避免口吃，它可以作为一种休闲娱乐的语言游戏，让练习变得更有趣。

简单绕口令（标兵炮兵）

八百标兵奔北坡，炮兵并排北边跑。

炮兵怕把标兵碰，标兵怕碰炮兵炮。

经典绕口令（嘴和腿）

嘴说腿，腿说嘴，嘴说腿爱跑腿，腿说嘴爱卖嘴。

光动嘴不动腿，光动腿不动嘴，不如不长腿和嘴。

最难绕口令《施氏食狮史》

石室诗士施氏，嗜狮，誓食十狮。施氏时时适市视狮。十时，适十狮适市。是时，适施氏适市。氏视是十狮，恃矢势，使是十狮逝世。氏拾是十狮尸，适石室。石室湿，氏使侍拭石室。石室拭，氏始试食是十狮尸。食时，始识是十狮尸，实十石狮尸。试释是事。

5. 塑造声音情绪的技巧

在培训中，培训师的声音不仅传递知识，还能传递情绪。笔者在参加某课程时，能明显地感受到培训师所传递的情绪，这不仅表现在声音的抑扬顿挫上，还包括声音的节奏、音色、时长等多个方面。

（1）善用重音

在句子中重读某词汇可以传递语言背后的隐藏信息，帮助听众更好地理解情感表达。例如，原句是“我今天要买一个新手机”，如果将重音放在“今天”上，意思是强调今天就要买，而不是明天；如果将重音放在“新”上，意思是强调这个手机是“新”的，而不是“二手”的。因此，当强调句子中的某个词语，通过调整句子中的重音位置，结合音调的变化，可以更生动地表达情感。

（2）善用停顿

停顿是语言表达情感的有力工具，以下是一些停顿的技巧：

①氛围营造。在讲述故事或重要时刻时，适当的停顿可以营造出神秘感和紧张感，吸引听众的注意力。

②厘清结构。当讲解复杂句或长句时，通过在适当位置停顿，可以帮助听众更好地理解句子的结构。例如：“我认为，如果我们能够采取一些措施（停顿），比如加强宣传、提高员工的素质（停顿），我们就能够达到预期的目标。”

③表示思考。停顿可以表明说话者正在思考，需要一些时间来组织思绪，以更好地表达自己的想法。这有助于增加表达的深度和权威感。

④勤加练习。通过朗读经典文章、诗歌或名人演讲稿，理解文章的情感背景。尝试不同语速的朗读，练习表达情感。可以邀请朋友听朗读的录音，感受语言中的情感变化，听取反馈。例如，朗读徐志摩的《再别康桥》时，要传达出对康桥的深情、对往昔生活的怀念以及对眼前无可奈何的离愁，通过声音的变化来让听众共鸣。

声音情绪练习

你正在面试一份你非常想要的工作。你一进门就看到面试官皱着眉头，看起来似乎很不高兴，你很紧张，但你必须表现得自信而且有自己的想法。试着用不同的声音情绪来表达以下的回答。

问题：你觉得你在这个岗位上最大的优势是什么？

1. 自信：我相信我在这个岗位上最大的优势是我的专业技能和多年的经验。我有能力胜任这份工作，并且可以为公司带来价值。

2. 焦虑：我知道这个岗位需要很高的能力和经验，虽然我很努力地学习和提高自己，但我不确定自己是否足够优秀。

3. 兴奋：我对这个岗位非常感兴趣，并且我相信我有足够的能力和经验来胜任这份工作。我希望能有机会为公司作出贡献。

4. 沮丧：我知道这是一个非常具有挑战性的岗位，但我觉得我可能不太符合要求。我希望我能够尽力表现。

这段材料可以让练习者在模拟不同的情绪时调整自己的声音。例如，在模拟高兴和激动的情绪时，可以调高音调，提高语速，增加音量和节奏，以表达愉悦的情绪。而在模拟失落和沮丧的情绪时，则可以调低音调，降低语速和音量，让声音表现出悲伤和沮丧的情绪。通过这样的练习，可以帮助练习者更好地表达不同情绪，并增强他们的声音表达能力。

6. 保养嗓音的技巧

（1）避免大声喊叫

在平时说话时要控制音量，尤其是避免大声喊叫。过度的嗓音使用会导致嗓子受损，如果需要长时间讲话或演讲，应该为嗓子提供适当的休息时间，避免过度使用。

（2）注意生活习惯

避免暴饮暴食、过度饮酒、吸烟和二手烟。以免对身体和嗓子造成负面影响。

（3）适当休息

在感冒、睡眠不足或过度疲劳时，最好不要长时间连续讲课。因为这些因素会使声带的耐受性下降，可能导致声音嘶哑或其他喉部问题。如水肿、病理性充血等，若此时仍过度用嗓，会导致不可逆转的声嘶。

7. 培训师注意事项

在授课的过程中，培训师需要注意以下几个方面。

（1）授课风格

培训小白不知道如何授课的话，可以借鉴其他专业培训师的授课风格，但不应完全模仿每一个片段或语音语调。过度模仿会使授课显得呆板，失去自己独特的风格。

（2）口头禅

口头禅是指在日常语言交流中频繁使用的一些短语或词语，它们通常不具有实际意义，比如“啊”“呀”“哇”等词语，这些词语通常用来表达惊讶、惋惜、高兴等情感，在交流中显得更加生动有趣，增加交流的情感色彩。在适当的情境中使用口头禅可以增加交流的情感色彩，但需要注意适度。比如在沟通当中，“对不起”“谢谢”等词语，可以表达礼貌和尊重，体现个人的文化素质；但总把“真没劲”“真无聊”挂在嘴边，这会起到心理暗示作用，它会在不经意间磨灭人的意志。因此，培训师在语言交流中使用口头禅时需要适量，并根据具体情况进行判断和应用。

（3）语言精练

在授课中，要注意语言的简明扼要。例如，笔者曾经在上课的时候说过，“在今天的培训课程中，我们将深入探讨如何在不同的情况下运用不同的沟通技巧，以及如何在不同的人群中建立良好的沟通关系。”后面反思了一下，这句话显得较为复杂，如果变更为：“今天我们将学习在不同情境中使用沟通技巧和建立良好关系的方法。”这样表达的效果会更好些。用最精练的语言，表达最复杂的意思，需要培训师不断地提升功力。

（4）事实清楚

“师者，所以传道授业解惑也。”培训师在课堂上传递的内容，必须做到有理有据，即本人必须清晰理论来源于哪里，数据来源于哪里，对于自己不明确的问题，应该坦率承认并承诺后续提供答案。

李老师是一位企业培训师，他的课程内容非常接地气，但遗憾的是，培训的效果总是未能达到预期。这主要归因于他在授课过程中频繁使用口头禅，如“嗯”“啊”“呃”以及“这个……这个”等，这些词汇让学员感到有些厌烦。此外，他也时常表达一些听起来有些牵强的观点，例如“据说公司领导最近在做一些不为人知的大决策”或“听说 ××× 又怎么样了”，这让学员们感到困惑和不安。在课程中，李老师总是不停地说着一些与课程内容无关的事情，经常传递一些未经证实的谣言或观点，这让学员们对他的课堂表现产生了质疑和不信任。这些行为不仅会分散学员们的注意力，也会对他们的学习产生负面影响。

为了改善这种情况，李老师可以进行授课习惯的复盘和培训内容的检查。李老师可以通过录音设备记录自己的授课，仔细分析自己的讲话方式。一旦发现口头禅的频繁使用，他可以制订一个替代方案，如将“嗯”替换为“好的”或“知道了”，以增加语言流畅度，避免重复使用相同的词汇。此外，他也需要在授课前仔细准备内容，确保所讲述的内容准确、可靠，与课程目标一致，不讲授与课程无关的内容。通过这些改进措施，李老师可以提高他的授课效果，增加学员们对他的信任和满意度，从而更好地实现培训的目标。

8. 肢体语言

肢体语言是人们在交流过程中，除了语言之外所表现出的非语言性信息传递方式。它包括面部表情、手势、走姿、站姿等元素。肢体语言能够传递培训师的情感、思想和态度，有助于更好地烘托课堂气氛，引发学员的共鸣，是培训师进行授课和交流中非常重要的一部分。

（1）面部表情

面部表情是我们日常交流中不可或缺的一部分。艺术家们往往会通过对人物面部表情的描绘，来表现人物内心的情绪和情感，栩栩如生地展现人物的精神风貌。通过观察面部表情，我们可以更好地理解学员的情感状态，进一步加深彼此之间的交流与理解。

常见的面部表情有快乐、悲伤、愤怒、恐惧、惊讶。

①快乐。当我们感到快乐时，嘴角会上扬，眼睛会笑眯眯的，整个面部都充满了愉悦和满足。

②悲伤。悲伤时，我们的嘴角会下垂，眉头紧皱，眼神中流露出失落和痛苦。

③愤怒。愤怒时，我们的眉头会皱起，嘴角会向下撇，眼神中充满敌意。

④恐惧。恐惧时，我们的眼睛会瞪大，眉毛上扬，嘴角会向下撇，表现出惊恐和不安。

⑤惊讶。当我们感到惊讶时，嘴巴会张大，眉头会抬起，眼睛会瞪大，表现出一种出乎意料的感觉。

从以上描述中可以看出眼睛、嘴巴、脸部肌肉是脸部表情的主要表达方式。其中眼神的表达尤为重要。

眼神传递的信息不亚于口头语言，它可以表达出人们的信任、好感、关注和不满等情感，此外，眼神交流也是信息传递和沟通的有效方式之一。眼睛常被誉为“心灵的窗户”，因此，在授课中，培训师应定期与学员建立视觉联系，以表现出对他们的重视，激发学员的积极性和参与度。对于新手培训师而言，他们可能会遇到不敢与学员有视觉接触、低头看电脑或一直盯着幻灯片等情况。具体来说，眼神的运用应该留意以下几个方面。

一是培训师应该定期扫视整个课堂，尽量在每位学员身上停留 3—5 秒，但也不宜将目光过于频繁地游离。二是过于直视学员可能会让他们感到不舒服和紧张。因此，在讲话时，可以将目光集中在学员的眉毛、鼻梁等区域，而不是直接注视他们的眼睛。三是通过眼神，培训师可以提醒那些分心的学员关注课程内容。对于积极回答问题的学员，培训师也可以用眼神表达鼓励和认可。

面部表情练习

1. 器材：镜子、摄像器材。

2. 内容：对常见的快乐、悲伤、愤怒、恐惧、惊讶等面部表情进行认识和训练。

3. 具体方法：

（1）对着镜子，分别酝酿上述心情，练习 5 种表情。

（2）面对摄像机，录制上述 5 种表情。

（3）小组观看，每人说出对相关表情的理解，并提出修改意见。

（2）手势

手势作为非语言交流的一种重要方式，在长期的社会实践过程中被赋予了种种特定的含义。手势具有丰富的表现力，加上手部有指、腕、肘、肩等关节，活动幅度大，具有高度的灵活性，因此可以用来增强讲话的表达力和生动性，有效地传递信息和引起听众的兴趣。

培训师在授课过程中会使用到多种手势。例如，当培训师用手指向特定的内容或区域时，可以引起学员的注意力，帮助他们将集中注意力到课程内容上。然而，新手培训师在使用手势时常常会犯一些错误，比如滥用手势，在讲课的时候手就会乱动，这种行为会分散学员的注意力。具体来说，手势的运用需要注意以下几点。

（1）信息一致性。手势应与口头表达的内容相一致，避免引起歧义或误解。例如，用手势表示数字或数量，“一个”“两个”等；手势示意或指向，“这里”“那里”“这个人”等。运用手势时，确保不遮挡投影仪或者白板。

（2）无关动作。避免不必要的手势或小动作，比如抓耳挠腮、撩头发等，这些动作可能分散学员的注意力。不要玩弄手中的教具，以及出现双手背后、双手叉腰、双臂交叉在胸前或双手插兜的情况。

（3）多用手掌少用手指。在教学过程中尽量减少使用手指。当需要指出方向时，可以用手掌来代替，这样更能体现对学员的尊重。如果要表示赞许或表扬，可以使用大拇指。

手势在不同区域的运用可以传递不同的信息和情感。通常，手势的位置可以被划分为三个区域：一是手势在肩膀之上，通常传递出昂扬、激励、感召的内容；二是手势位于中部，即肩膀之下，腰线之上，表示培训师正在叙述事实和说明事理；三是手势往下，即腰线之下，则多表示否定、拒绝、厌烦等内容和感情。以下是一些常见的手势及其含义：

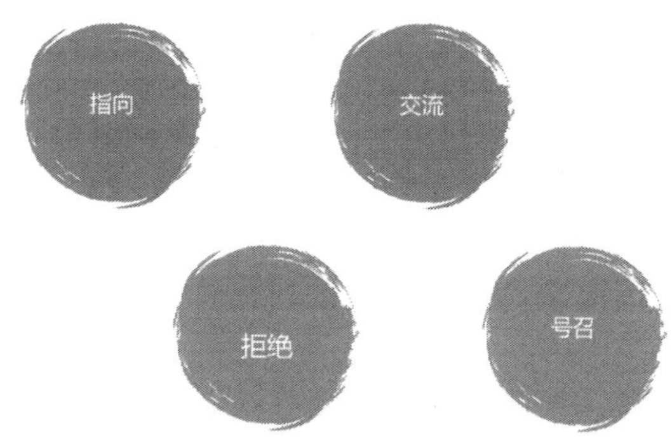

其一，用手掌指向某个对象、地方或人物，通常用于引导听众的注意力。

其二，手掌张开，手臂保持自然放松，手心向外，有时还伴随微笑的面部表情。表示开放、接受、欢迎、诚实等正面情感。

其三，手掌张开，掌心向下，并做横扫状的动作。表示否定、拒绝、厌烦等情感。

其四，紧握拳头，手臂竖直向上伸展。表示昂扬、奋进等积极情感。

需要注意的是，不同的文化背景可能会对手势的使用和解读产生影响，因此，在跨文化培训或国际交流中，必须谨慎考虑手势的使用，以避免误解或冒犯。此外，在使用手势时，还应确保手势、语言、面部表情和眼神等肢体语言的协调一致，以确保最佳的沟通效果。

（3）走姿

培训师在授课过程中，有意识地走动能有效调动教学氛围，增强培训师的表现力和互动性。然而，这一行为需要谨慎，避免盲目或不适当地走动。以下是关于走姿的一些建议。

（1）避免突然接近学员。人们对于个体空间有不同的需求，通常分为四种距离：公共距离、社交距离、个人距离和亲密距离。在培训课堂上，人与人之间应保持一定的安全（个人）距离，在 45 厘米至 120 厘米。根据笔者经验，保持大约 100 厘米的距离可以让学员感到舒适，而不会使其感到压迫。

（2）面向学员。始终面对学员，避免出现视觉死角。一些新手培训师可能由于紧张或害怕等原因，会背向或侧身观众，对着大屏幕讲授完整堂课，这会给学员留下不好的印象。培训师应始终与学员保持眼神交流和面对面的互动。

（3）适当走动。培训师忌讳的就是站在讲台前，一动不动地上完整堂课，这样容易给学员造成“我是在开会”的错觉。适度的走动可以增加课堂的活跃度，但需要注意走动的速度和范围，过快或过慢都可能分散学员的注意力。此外，应避免在大屏幕前来回走动。

（4）走动应与话题内容和节奏相符。在开场时，培训师可以通过走动拉近与学员的距离，建立信任感；在进行分组讨论时，培训师可以走动到小组前观察并掌控进度；在学员分散注意力时，除了用眼神以外，培训师也可以通过走动到学员旁边，提醒学员重新投入学习状态。

（4）站姿

站姿是个体整体仪态的核心。无论过于僵硬还是过于随意，都可能对学员产生不良影响。如果站姿不够标准，其他姿势也根本谈不上优美。以下是关于站姿的一些建议。

（1）身体姿态端正。站立时应保持身体直立，肩部放松，胸部自然挺立，同时保持自然呼吸。这有助于展现出自信和专注。

（2）双脚平行。双脚应平放在地面上，男性与肩同宽或略微分开，女性双脚略微收缩或并拢，重心主要支撑于脚掌和脚弓上。这有助于保持稳定性和均衡。

（3）双手自然下垂。双手应自然下垂，放在身体两侧，或者手持翻页笔等讲课工具。手部姿势也应该显得自信而舒适。

站姿练习：找一个墙面，将身体的四个点（后脑勺、两个肩膀、臀部、脚后跟）保持在一个平面上，双手自然下垂，眼睛目视前方，面带微笑，保持 5 分钟。

错误的站姿包括但不限于：站立时双脚分得太开，显得不稳定；交叉两腿而立；身体倾斜，一个肩高一个肩低；一只脚在地上不停地画弧线；斜靠在讲台上等。错误的站姿不仅影响形象，而且也容易导致脊柱不正常弯曲、肩颈疼痛等身体问题。因此，在日常生活和工作中，我们需要重视正确的站姿。

王老师是销售部经理，他正为新加入销售团队的成员提供培训。尽管他在销售方面有丰富的经验，但因为缺乏系统的 TTT 培训，在授课技巧方面还存在改进的空间。当他讲解重要内容时，他的手不时地晃动来强调重点，甚至有时拿起笔敲击桌子。这些动作虽然是为了突出重点，但容易分散学员的注意力。此外，王老师的目光并没有保持在学员的身上，而是不时地游离，可能投向墙上的装饰或窗外的风景。这些行为可能给学员留下不够专业的印象，也可能影响他们对王老师的信任和尊重。

为了改进这种情况，王老师可以通过专业的培训来提升自己的授课技巧。例如，学习如何使用手势，使其更加自然和有针对性；学习如何通过眼神交流来建立联系和增强互动；学习如何保持手势、表情、眼神和语言之间的一致性；考虑参加专业的 TTT 培训课程等。

第三篇　内功篇

深度剖析职业理论

开启卓越培训之路

第六章　高效记忆理论

一、学习金字塔：多样化教学，提高内容留存率

1. 理论简介

学习金字塔是由美国学者、著名的学习专家爱德加·戴尔于 1946 年首先发现并提出，据说是美国缅因州的国家训练实验室的研究成果。该模型旨在帮助教师选择和应用不同的教学方法，以最大限度地提高学生的学习效果和保留知识的能力。学习金字塔为现代教育培训提供了重要的理论基础和实践指导，被广泛应用于教育、企业培训等领域。

2. 核心内容

学习金字塔理论（见下图）将不同学习方式的效果用百分比形式按照从高到低的顺序进行了排列，展示了学习者在一段时间（一般是两周）以后还能记住多少内容。该理论认为，一个人在学习过程中，通过不同的学习方式，其学习内容的留存率是不同的。具体而言，留存率会受到学习方式、学习时间、学习频率等多种因素的影响。此外，该理论还强调了主动学习和参与式学习的重要性，并提倡通过实践应用、讨论交流等方式来提高学习效果。

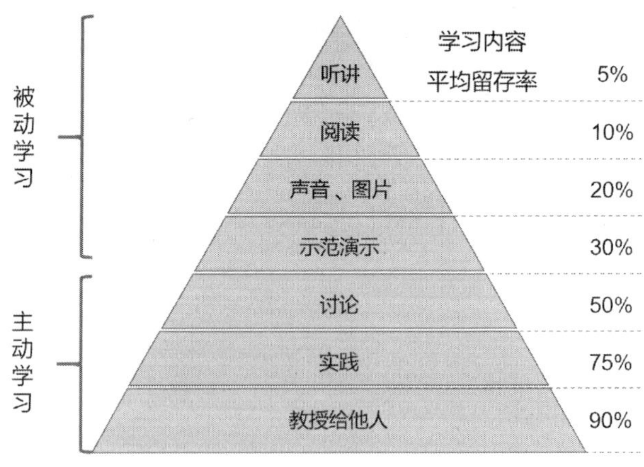

第一种学习方式是“听讲”，通常体现为传统的“讲授法”。在这种情境下，教师在上面讲解，学员在下面聆听。尽管这是最常见的学习方式，也是我们最熟悉的

学习方式，但学习效果却是最低的，大多数信息在听过之后就会迅速遗忘，两周后只有 5% 的学习内容能够被记住。在 20 世纪末，由于信息技术尚未发展成熟，电子设备尚未普及，传统的课堂大部分都采用讲授的形式，教师的教学手段有限。

第二种，通过“阅读”的方式学习，可以保留 10% 的内容。尽管我们经常通过大量阅读来获取知识，但留存率相对较低。这解释了为什么我们读了大量书籍，但感觉未必掌握了多少知识。阅读需要配合更高效的学习方式，提高学习内容平均留存率。例如，企业开展读书会项目，参与学员需要通过阅读某本书籍掌握某项知识或技能，项目负责人可以设置奖惩机制、评估方式来促进效果转化，如章节主题分享、读书笔记等。

第三种，通过“声音、图片”的方式学习，可以保留 20% 的内容。通常指的是教学方法中的视频演示法与图片演示法，这两种属于视觉化的表达方式，它们能够以更直观、易懂的形式呈现信息，使学员更快地理解事物的本质，而无须经过冗长的文字解释。此外，它们还有助于学员更好地记忆信息，因为学员更容易记住具有形象特征的内容。例如，当我们听到香蕉时，首先在脑海中浮现的是黄色，弯曲的物体，可能还会闻到香蕉的味道，绝不是浮现“香蕉”两个字。可见图像比文字更具有形象特征，内容留存率更高。

第四种，通过“示范演示”的方式学习，可以保留 30% 的内容。通常指的是教学方法中的示范法，通过展示具体的技能或行为，帮助学员理解和模仿，从而掌握相关的知识和技能。即培训师在课堂上示范，学员随后模仿，培训师再予以点评。示范者的经验和技能水平对学员的学习效果有着重要影响。如果示范者缺乏足够的经验和技能，学员可能会学习到错误的技能和行为。此外，示范法并不适用于所有类型的学习，例如概念和理论的学习通常不适合采用示范法。

第五种，通过“讨论”的方式学习，可以保留 50% 的内容。小组讨论是培训项目中广泛采用的学习方式，它允许学员相互交流意见、分享经验和知识，从而深入思考和理解问题。然而，需要注意的是小组讨论可能会因学员之间的差异而导致一些学员无法发表自己的意见和观点，有时会受到某些学员的主导，从而影响了讨论结果，使其受到群体思维的影响。

第六种，通过“实践”的方式学习，可以达到 75% 的内容留存率。这种学习方式通常被形容为做中学或实际演练，即学什么就做什么。它要求学员积极参与实践活动，从中获得直接经验和反馈，从而不断地提升他们的技能和知识。实践学习是一种主动学习方式，鼓励学员在模拟的工作场景中应用所学知识，从而更深入地理解和掌握相关概念和技能。这种方式的学习效果往往更为深刻和持久。

第七种，教授给他人。此方式内容留存率最高，可以达到90%。在培训领域有一句话广为流传：教就是最好的学，用输出倒逼输入。这句话强调的是在教授知识的过程中，培训师通过教学的方式，不仅能够帮助学员学习知识，更能够促进自己的学习和思考。当培训师把某个知识点讲授给他人时，前提就是对这个知识点具有一定的熟悉度。同时在讲授的过程中，培训师可能会发现自己在这个知识点上存在的不足之处。因此，教学是一种双向的学习过程，不仅有助于学员的知识获取，还有助于培训师自身的不断学习和提高。教学中的输出和反馈也可作为培训师自我学习和提升的重要途径，实现“用输出倒逼输入”的效果。

> 某公司计划对其销售团队进行产品知识培训，培训负责人王老师运用了学习金字塔理论，设计出更具效益的教学方法。首先，王老师明确了培训的目标：帮助销售团队掌握产品知识和技能，从而提高销售业绩。其次，王老师根据学习金字塔的原理，设计了以下教学方法。
>
> 1. 演示法。为了帮助学员在脑中形成直观的图像，培训师进行了产品的操作演示，详细介绍了产品的操作步骤和各项功能，并让学员写明步骤与注意事项。在观看演示后，要求学员模仿尝试。通过亲自操作，学员可以更好地理解和记忆产品知识。
>
> 2. 小组讨论。为了加深学员对产品的理解和记忆，销售团队被分成小组进行团队讨论。每个小组都被鼓励回答有关产品的问题，并分享他们的见解和思考。
>
> 3. 角色扮演。为了让学员将所学知识应用到实际销售场景中，王老师采用角色扮演的方式，以企业的实际销售环境为背景，模拟客户沟通的场景。
>
> 通过这些培训方法的结合，销售团队成功地掌握了产品知识和技能，并将所学知识应用于实际销售场景中，从而提高了销售业绩。

爱德加·戴尔提出，学习效果低于30%的传统学习方式通常属于个人学习或被动学习；而学习效果高于50%的方式则多涉及团队学习、主动学习和参与式学习。

3. 注意事项

学习金字塔只是一个指导性的理论，不同学习方式的效率和适用性取决于学习内容和学习者的需求。不同的学习者对知识的保持率是不一样的，所以学习内容平均留存率不会是一个定值，金字塔上的数字可以理解为宏观角度的概率，对具体的个体而言，可能会有较大变化。

4. 应用场景

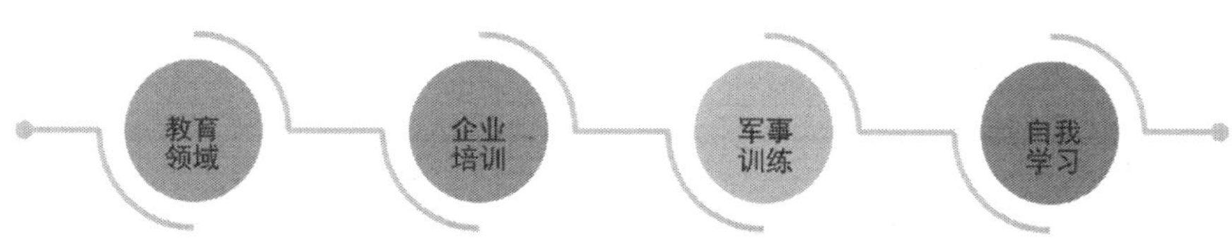

学习金字塔理论适用于各种类型的学习和培训场景，包括教育、企业培训、军事训练等领域。以下是一些具体的应用场景。

（1）教育领域

在教育领域中，教师可以根据学习金字塔理论，通过多种教学方式和技巧来帮助学生更好地理解和掌握知识。比如，针对低年级教学，因学生普遍年龄偏小，不具备一定的知识底蕴，所以并不适合小组讨论法等教学方法。为了提高学生的内容留存率，采用图示法会比传统的讲授法的效果更好。

（2）企业培训

在企业培训领域中，学习金字塔可以指导培训师更好地设计培训课程，通过结合不同的培训方法和技巧来帮助员工更好地理解和应用所学知识。鉴于学员都是成年人且具备一定的实际工作经验，因此在教学的过程当中，不能只使用讲授法、满堂灌的形式完成培训课程，这样对于学员的内容保持率不利，可以多采用示范法和多媒体教学法，如演示、视频、声音、图文相结合，提高学员对知识敏感度，更进一步可以通过课堂实操及工作实践，使课堂的内容得到充分转化。

（3）军事训练

在军事训练领域中，教练可以根据学习金字塔的原理，通过结合不同的训练方式和技巧来帮助士兵更好地理解和掌握各种战斗技能。比如演示法：教练演示，学员模仿；比如教授给他人：老兵带新兵等。

（4）自我学习

学习金字塔适用于自我学习。个人可以通过多种学习方式和技巧来提高自己的学习效果，比如通过观看视频、参加讲座、文献阅读等方式来学习知识，然后通过讲解、练习和总结等方式来深化对知识的理解和掌握。

二、艾宾浩斯遗忘曲线：阶段性复习，防止内容遗忘

1. 理论简介

艾宾浩斯遗忘曲线由德国著名心理学家赫尔曼·艾宾浩斯于 1885 年提出，它描述了人类大脑对新事物的遗忘规律，是一条描述记忆保留率下降与时间之间关系的曲线。它提示人们，学习不是一次性的事情，而是需要经常复习和记忆的过程。通过合理地规划学习时间和复习周期，可以最大限度地利用遗忘曲线的规律，帮助自己更好地记忆和掌握所学知识。

2. 核心内容

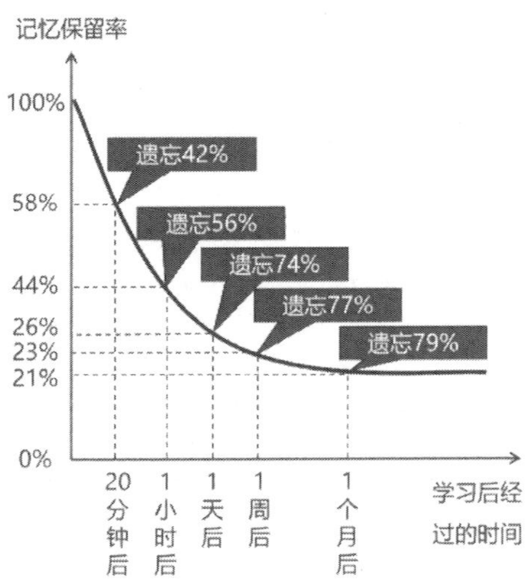

艾宾浩斯遗忘曲线的研究方法主要是通过实验来验证。艾宾浩斯在实验中要求被试者记忆一系列无意义的音节，并测量他们在不同时间点上的记忆保留率。他采用了机械重复和间隔重复两种方式进行实验，结果发现，无论采用哪种方式，记忆保留率都会随时间的推移而下降。艾宾浩斯遗忘曲线表明，学习后的 20 分钟内，人们会遗忘掉所学内容的近一半；在 24 小时之后，人们已经只记得原来所学内容的不到 30%；到了 30 天之后，人们只能回忆起原来所学内容的不到 20%。总结起来有两个特点：一是遗忘在学习之后立即开始，而且遗忘的进程并不是均匀的；二是遗忘呈“先快后慢”的趋势，即最初遗忘速度很快，随后逐渐缓慢。

艾宾浩斯遗忘曲线的理论解释主要有两种：一种是衰退理论，认为记忆是在大

脑神经元之间建立联系的结果，而这种联系会随着时间的推移而逐渐减弱，从而导致遗忘；另一种是干扰理论，认为人们在记忆新知识的过程中，会受到已有知识的影响，新旧知识之间会发生干扰，从而影响到记忆的保留率。后来，又有学者提出了加工层次理论，认为记忆保留率下降是由于对记忆材料的加工层次不同所致。这些理论各有其特点和局限性，但都从不同角度对艾宾浩斯遗忘曲线进行了解释。

理论上说大脑的容量是无限的，人们从出生到死亡所经历的一切，包括遇到的人、碰到的事、体验的情感等，都会在大脑中留下记忆的痕迹。但很多时候，我们总会觉得记忆能力变差了，容易忘掉所学的知识，这是因为在学习的过程中，只关注当时的记忆效果，忽视了后期的复习和强化记忆的重要性。

记忆是指大脑对所经历事物的识别、保持、回忆或再认的能力。深入了解不同类型的记忆，对遗忘曲线会有更深刻的理解。记忆按信息保存时间的长短可以分为瞬时记忆、短时记忆和长时记忆。

记忆类型	时间范围	容量	编码方式	遗忘速度
瞬时记忆	0.25 ～ 2 秒	有限	听觉或视觉	非常快
短时记忆	2 秒到 1 分钟	有限	语言或符号	较快
长时记忆	1 分钟到几年	无限	语言、符号、图像等多种形式	较慢

瞬时记忆也称为感觉记忆，是指当人们感知到某种刺激时，信息只会保留极短的时间，通常只有几秒甚至更短。这种记忆形式通常需要通过持续不断地重复来加强，并可以通过分散学习的方法来帮助延长其保持时间。例如，当看到一个绽放的烟花或听到一种突然响起的声音时，这种感觉只会在脑海中停留几秒钟，之后就会消失。

短时记忆是指能够在较短的时间内（通常只有 1 分钟）保持有限数量的信息。例如，当听到电话号码时，需要在脑海中反复默念几遍才能够记住。这些信息就暂时储存在短时记忆中，如果不经过反复强化，这些信息很容易被遗忘。另外一个例子是在听一段话时，可以将前面的几个单词暂时保存在短时记忆中，然后在句子结尾时将其组合成一个完整的意思，这个过程需要使用短时记忆来暂时保存单词序列。短时记忆有两个特点。一是记忆容量有限。容量的大小为 7 ± 2 个“组块”，“组块”就是记忆单位，大小因人的知识经验等的不同而有所不同，可以是一个字、一个词、一个数字，也可以是一个短语、句子、字表等。二是短时记忆的内容一般要经过复述才能转化为长时记忆。

长时记忆是指可以在很长时间内储存大量信息，这些信息可以通过反复记忆和应用而长久保存，保存时间甚至可以终身，且长时记忆的容量是无限的。个体曾经学过的知识、技能和经验都储存在长时记忆中。在需要用到这些知识和技能时，可以通过回忆与应用来检索和利用它们。例如，当司机长时间没驾驶小汽车后，再次驾驶时，只需要很短的时间就能找回驾驶的状态，这是因为学习的知识、技能已经内化。

需要强调的是，学习和记忆虽然相关，但却是不同的概念，学习是获取新知识和技能，而记忆是在大脑中存储和保留已经学到的知识和技能。艾宾浩斯遗忘曲线是描述记忆保留和遗忘的规律，可以帮助我们更好地制订学习计划和复习策略，以提高学习效果和记忆效果。

3. 注意事项

艾宾浩斯遗忘曲线是基于大量的实验数据和观察结果得出的一种普遍规律，因此可以适用于大多数人。然而，每个人的学习和记忆能力都有所不同，遗忘速度和保持时间也可能因人而异，且遗忘的速度受到多种因素的影响，如学习材料的性质、学习方法、情境等。因此，在实际应用中，需要根据个人的情况进行适当的调整和个性化的学习计划。而不是简单地套用一条通用的规律。此外，遗忘并不是完全消失，而是逐渐减弱，可能在未来某个时刻重新被激活并恢复记忆。同时，对于一些特殊人群，如老年人、患有认知障碍的人等，遗忘曲线的应用可能需要更多地考虑和个性化的设计。

4. 应用场景

（1）个人学习

了解艾宾浩斯遗忘曲线可以帮助个人更好地规划学习时间和方法。当学习新知识时，可以设定复习时间节点，如在学习后的5分钟、30分钟、12小时、1天、2天、4天、7天、15天等时刻进行复习。复习时间和频率的选择应当考虑到艾宾浩斯遗忘曲线的规律性，搭配学习金字塔理论，学习效果更佳。

王老师正准备学习法语。初定的目标是在两个月内掌握基本的词汇和语法规则，以便能够与当地人进行简单的日常交流。为了实现这个目标，王老师可以依据艾宾浩斯遗忘曲线的理论来制订一个复习计划，以确保记忆能够持久。在学习的过程中，要通过多种方式来学习单词和语法规则，如课堂学习、背诵、练习等。同时，确保将短时记忆转化为长时记忆，以避免信息的丢失。

针对这种情况，王老师在学习完一个单词或语法规则后，可以按照以下复习计划来加强记忆。

第一次复习：在学习完一个单词或语法规则后，立即进行第一次复习。这可以通过快速回顾学习材料或进行练习来实现。

第二次复习：在第一次复习后的24小时内，进行第二次复习。这有助于巩固记忆，防止信息被忘记。

第三次复习：在第二次复习后的一周内，进行第三次复习。这次复习可以包括更深入的练习，以确保能够正确地应用所学的知识。

第四次复习：在第三次复习后的一个月内，进行第四次复习。这次复习可以是一个全面的回顾，涵盖在学习期间所掌握的所有内容。

通过这种有序的复习方式，王老师可以确保记忆的持久性，并更好地应用所学的法语知识。此外，还可以考虑使用一些辅助工具，例如制作单词卡片来背诵单词，使用语言学习应用程序来进行语法练习等。这些工具可以有力地支持学习，有助于更好地组织学习内容，加强记忆，并更好地应用艾宾浩斯遗忘曲线的理论。

（2）企业培训

对于培训师而言，了解艾宾浩斯遗忘曲线至关重要。培训师可以在培训结束后设置复习和巩固环节，以协助学员更好地掌握所学知识和技能，提高培训的效果和回报率。例如，在每个培训小节或章节结束后，通过提问、总结回顾等方法，及时复习刚刚学习的内容，以防遗忘。此外，在整个课程结束后再次回顾，有助于深化对知识的记忆效果。

为了更好地应用艾宾浩斯遗忘曲线，笔者制作工具表“艾宾浩斯记忆法”，仅供参考。

<table>
<tr><th colspan="10">艾宾浩斯记忆法</th></tr>
<tr><th rowspan="3">序号</th><th rowspan="3">核心
知识点</th><th rowspan="3">描述</th><th colspan="6">记忆时间及检查日期记录</th></tr>
<tr><th>5 分钟</th><th>1 小时</th><th>1 天</th><th>2 天</th><th>7 天</th><th>30 天</th></tr>
<tr><th>9：00</th><th>10：05</th><th></th><th></th><th></th><th></th></tr>
<tr><td>1</td><td>×××</td><td>×××××××××××</td><td>√</td><td>×</td><td></td><td></td><td></td><td></td></tr>
<tr><td>2</td><td></td><td></td><td></td><td></td><td></td><td></td><td></td><td></td></tr>
<tr><td>3</td><td></td><td></td><td></td><td></td><td></td><td></td><td></td><td></td></tr>
<tr><td>4</td><td></td><td></td><td></td><td></td><td></td><td></td><td></td><td></td></tr>
<tr><td>5</td><td></td><td></td><td></td><td></td><td></td><td></td><td></td><td></td></tr>
<tr><td>6</td><td></td><td></td><td></td><td></td><td></td><td></td><td></td><td></td></tr>
<tr><td>7</td><td></td><td></td><td></td><td></td><td></td><td></td><td></td><td></td></tr>
<tr><td>8</td><td></td><td></td><td></td><td></td><td></td><td></td><td></td><td></td></tr>
<tr><td>9</td><td></td><td></td><td></td><td></td><td></td><td></td><td></td><td></td></tr>
<tr><td>10</td><td></td><td></td><td></td><td></td><td></td><td></td><td></td><td></td></tr>
<tr><td>11</td><td></td><td></td><td></td><td></td><td></td><td></td><td></td><td></td></tr>
<tr><td>12</td><td></td><td></td><td></td><td></td><td></td><td></td><td></td><td></td></tr>
</table>

5. 运用记忆规律，促进知识保持

（1）深度加工材料

深度加工是指通过对要学习的新材料增加相关的信息来达到对新材料的理解和记忆的方法。如对材料补充细节、举出例子、作出推论，或使之与其他观念形成关联。例如，在企业组织管理培训的过程中，1 号培训师采用直接展示管理概念的方式培训，2 号培训师在展示概念的基础上增加视频演示说明，3 号培训师在展示概念的基础上通过案例分析的形式加以讲解。从结果上看，2 号跟 3 号的学习效果、知识的记忆效果都会优于 1 号。

（2）有效运用记忆术

记忆术是运用联想的方法对无意义的材料赋予某些认为意义，以促进知识保持的策略。记忆术有提取关键字法、谐音法、联想法等。比如在记忆皮亚杰的儿童发展阶段论时，有一个口诀叫作“爱奇艺敢签巨星”。该理论分为感知运动阶段（0 ～ 2 岁）、前运算阶段（2 ～ 7 岁）、具体运算阶段（7 ～ 11 岁）、形式运算阶段（11 ～ 16 岁）。“爱奇艺”指的是 271，即 2 岁、7 岁和 11 岁。“敢签巨星”指的是四个阶段的首字谐音。

（3）进行组块化编码

组块是在信息编码过程中，利用储存在尝试记忆系统中的知识经验对进入到短时记忆系统中的信息加以组织，使之成为人所熟悉的有意义的较大单位的过程。组块可以是一个字、一个词、一个数字，也可以是一个短语、句子、字表等。组块的方式主要依赖于人过去的知识经验。例如，“人力资源管理”6 个字对于根本不懂人力资源管理的人来说是 6 个组块；对稍微懂人力资源管理的人来说是 3 个组块（SSC，COE，HRBP）；对人力资源专家来说则是 1 个组块。

（4）适当过度学习

过度学习，指在学习达到刚好成诵以后的附加学习。一般在学习熟练程度达到 150% 时，记忆效果最好。例如背 30 分钟即可掌握某段文字，在能够背诵以后再学习 15 分钟就是过度学习。

（5）合理进行复习

①及时复习是避免遗忘的最佳措施。

②相对于集中复习，分散复习可以降低疲劳感，效果更佳。一般认为开始复习时，时间间隔要短，后期可以长一些。

③反复阅读结合尝试背诵。研究表明，反复阅读结合尝试背诵的效果优于单纯的重复阅读。原因在于前者可以及时发现学习中的薄弱点，从而在重复学习时，便于集中注意力，有针对性地加强薄弱点的学习。

三、费曼学习法：输出逼输入，挖掘学习深度

1. 理论简介

费曼学习法是由美国物理学家理查德・费曼发明，以理解和简化为基础的学习方法，其核心理念是将复杂的知识简单化、将抽象的理论具体化，从而提高学习效果。该理论主要用于解决学员对于学习材料的理解和记忆不足的问题，可以用于学习任何学科的知识，不仅可以加深理解，提高记忆，还可以帮助学员更好地组织和表达自己的想法。

2. 核心内容

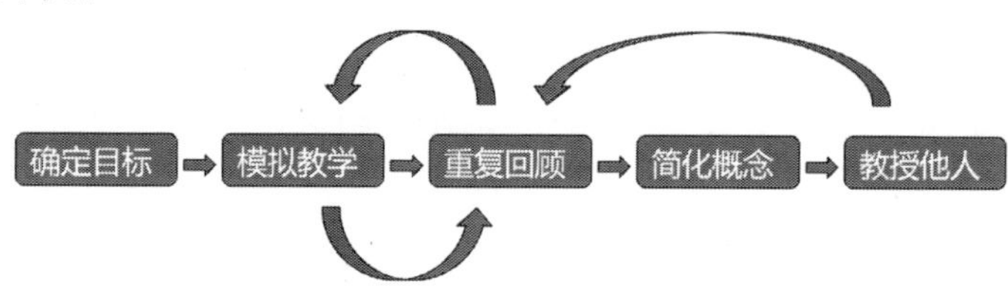

费曼学习法通过将复杂的概念或思想简化为自己的语言，以便更深入地理解并记忆。具体步骤如下。

第一步，确定目标。准备一张 A4 白纸，记录下希望学习的特定概念，通过研读相关资料，理解这个概念，并将其核心要点记录在纸上。例如，在历史课堂上，通过教师的讲解，学生掌握了西周宗法制的相关知识。

确定目标

Determine the target

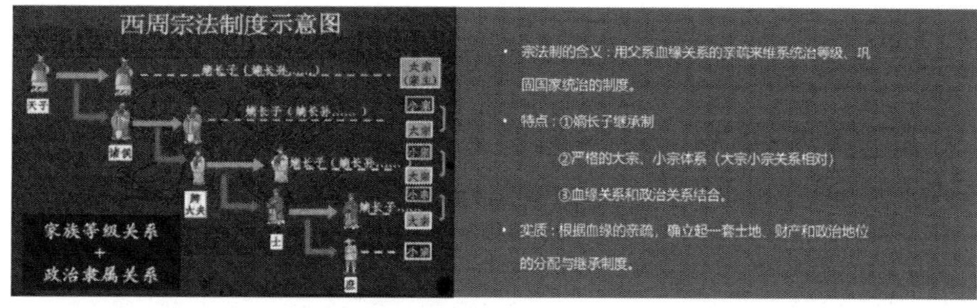

第二步，模拟教学。第一遍理解完成之后，把纸盖住，想象你是一位老师，或者在吃饭的时候想跟同学吹一下牛，凭着自己的理解和记忆，尝试用自己的语言将这个主题或概念解释给一个完全不熟悉该内容的人听，这个人可以是一个小孩子或一个成年人。需要注意，不一定 100% 记住才开始讲解。解释完毕后，将讲述的重点记录在纸的背面，对于听众的反馈及时记录并优化。这个过程有助于通过讲解来检验自己是否真正理解所学内容，有助于发现自己的知识盲点和不足之处。

第三步，重复回顾。对照两面纸上的内容，检查是否有遗漏或错误之处。标记出这些问题，作为需要进一步强化的概念点。在第一次讲解中，难免会出现卡顿或遗漏的情况，这个反馈很重要，因为它显示你已经发现了知识盲点。接下来需要重新回到材料，优化讲解语言，重复第二步和第三步，直到能够完全、清晰地解释这个概念的方方面面。

第四步，简化概念。掌握一个概念有哪些知识是必须了解的，再将一些多余的信息删除。我们可以将概念当作树干，将知识当作树枝，引出知识树。可以用自己的话总结所学知识点，用简洁的语言将它归纳成一个图表。这样有助于更好地组织思维，加深对主题或概念的理解。例如，经过简化以后，关于西周宗法制的知识有两点：宗法制是一种权力继承制度；最大特点是嫡长子继承制，目的是维系和稳定统治。简化概念很重要的一个方法，就是类比。简单地说，就是用自己更熟悉的概念来和新概念建立联系。例如，宗法制理解后，再结合西周另一项重要的政治制度分封制一起比较，理解两者之间的联系与差异。

第五步，教授他人。用这个图表来教授别人，看看他们是否能够理解。如果他们无法理解，那你就回去重新整理思路，并重新使用这种方法直到完全理解了这个主题或概念。

费曼学习法的优点是有助于学员更好地理解和记忆知识，以及更好地组织和表达自己的想法。此外，这种方法还可以帮助学员识别并纠正学习中的不足之处，提高学习效率和质量。通俗地讲，费曼学习法就是通过以教代学，让输出倒逼输入。该方法与学习金字塔理论相契合，教授给他人的方式是内容保持率最高的，高达90%。

某公司在培训新员工的过程中，发现新员工对公司的业务流程和操作规范掌握不够熟练，导致工作效率低下和错误率较高。为了提高员工的学习效率和记忆力，公司引入了费曼学习法。首先，公司的培训师为新员工介绍了费曼学习法的核心理念和步骤。其次，针对公司的业务流程和操作规范，制订了一个有序的学习计划，分为三个主要阶段。

第一阶段，新员工需要掌握公司的业务流程和操作规范的基本概念和定义，培训师为他们提供了一份详细的学习资料，包括文字、图片和视频等。新员工可以自主学习，也可以参加培训师组织的小组讨论和演示互动，新员工需要把重点内容记录在纸上，从而促进记忆。

第二阶段，新员工需要进行模拟演练，采用“二人小组”或“小组讨论”的方式，将学习到的知识点以自己的语言讲解出来。这个阶段的关键是将抽象的概念转化为可理解的语言，确保深入理解。培训师为他们提供模拟练习题和实际操作案例，鼓励他们主动解决问题并找出解决方法。在这个过程中，培训师提供指导和反馈，帮助新员工不断完善自己的讲解技巧。

第三阶段，新员工进行回顾和总结，通过自我检测和小组讨论来检验自己是否掌握了业务流程和操作规范。新员工把学习到的知识点最终简化成图表或一张纸的形式。培训师还为他们提供了一些复习资料，鼓励他们进行自主学习和复习，以巩固所学内容。

3. 应用场景

费曼学习法广泛应用于不同领域的学习，包括教育、专业领域以及企业培训等。以下是费曼学习法在不同场景下的应用。

（1）教育领域

费曼学习法适用于任何类型的学科，包括科学、数学、历史和文学等。教师可以使用费曼学习法来帮助学生更好地理解和记忆概念、定理和理论。这种方法也可以用于学生准备考试，通过将概念和定理进行简化和解释，有助于更有效地记忆和理解所学知识。

（2）专业领域

在专业领域，如医学、法律和工程等，理解复杂的概念和理论至关重要。费曼学习法可以帮助专业人士更好地理解和记忆复杂的概念和理论。

（3）企业培训

在企业培训中，培训师可以将费曼学习法纳入课程设计中，从而帮助学员更好地掌握知识和技能。例如，可以让学员在课程中用自己的语言来讲解课程内容，并鼓励他们互相交流讨论，从而提升学习效果。

四、学习策略：有目的学习，提高学习效率

1. 概述

学习策略是指学习者为了提高学习的效果和效率、有目的、有意识地制订有关学习过程的复杂方案。这一界定明确了学习策略的四个特征。

其一，学习策略是学习者为了完成学习目标而积极主动地使用的。学习时，学习者先要分析学习任务和自己的特点，然后根据这些条件，制订适当的学习计划。

其二，学习策略是有效学习所必需的。例如，背一段概念或者某个流程，如果一遍又一遍地朗读，只要有足够的时间，最终也能记住，但记忆保持的时间并不久。

相反，如果采用分散复习或关联记忆等方法，记忆效率就会得到提高。

其三，学习策略与学习过程有关。它规定了学习时做什么不做什么、先做什么后做什么等问题。

其四，学习策略是学习者制订的学习计划，由规则和技能构成。严格来说，所有学习活动的计划都是不相同的，每一次学习都有相应的计划。但相对而言，同一种类型的学习存在基本相同的计划，如阅读策略等。

2. 核心内容

学习策略分为认知策略、元认知策略和资源管理策略。

学习策略		
分类	明细	举例
认知策略	复述策略	画线、复习等
	精细加工策略	记忆术、做笔记等
	组织策略	列提纲、制作流程图、表格等
元认知策略	计划策略	设置目标、浏览材料、设疑等
	监控策略	领会、集中注意等
	调节策略	调整阅读进度、重新阅读、复查、使用应试策略等
资源管理策略	时间管理策略	建立时间表、设置进度目标等
	学习环境管理策略	寻找固定地点、安静地点、有组织的地点等
	努力状态管理策略	将成败归因于努力、调整心境、自我强化、自我坚持等
	学业求助策略	寻求教师 / 伙伴帮助、获得个别辅导、同伴 / 小组学习等

（1）认知策略

认知策略是指加工信息的一些方法和技术，有助于有效地从记忆中提取信息。它主要包括复述策略、精细加工策略和组织策略。

①复述策略是指在工作记忆中为了保持信息，运用内部语言在大脑中重现学习材料或刺激，以便将注意力维持在学习材料上的方法。常用的有画线和复习等。

在使用画线策略时，我们应注意只画出确实重要的信息。另外，单独一味地使用画线策略，并不是学习材料的好方法。因为画线并不能提供思考材料的机会。将画线与其他策略（如在画线的旁边做注释）结合起来使用可能会收到更好的效果。

良好的复习策略有及时复习、分散复习、复习形式多样化、尝试背诵等。分散复习是指每隔一段时间重复学习一次或几次，艾宾浩斯遗忘曲线阐述了及时复习和分散复习的重要性，对于大多数学习来说，分散复习更有益于长期保持。某一领域的专家之所以能记得住许多专业知识，是因为他们在反复地应用这些知识。

②精细加工策略是指把新信息与头脑中的旧信息联系起来从而增加新信息意义的深层加工策略。常用的有记忆术、做笔记等。

记忆术是指通过给识记材料安排一定的联系以帮助记忆，并提高记忆效果的方法。例如编口诀来强化记忆效率。课程“现场急救四步法”的核心内容包括四个步骤：第一步安全评估、第二步伤患识别、第三步对外呼救、第四步现场施救。为了强化记忆效率，可以挑选步骤中的关键字，形成口诀“一评二识三呼四救”。在后续的教授过程中，不断强化口诀跟内容之间的联系，提高记忆效率。

做笔记不是简单的摘抄。为了增强做笔记的能力，培训师在讲课或阅读之前，可以给学员提供一个“梗概”，相当于一个类目，引导他们做笔记，或者提供学员手册，再加上复习，能增强学员的学习效果。常见的笔记法有康奈尔笔记法、便笺拆书法、麦肯锡笔记法等。

③组织策略是将经过精加工提炼出来的知识点加以构造，形成知识结构的更高水平的信息加工策略。常用的有列提纲、制作流程图、表格等。

列提纲是以简要的语言写下主要和次要的观点，再以金字塔的形式呈现材料的要点。一种有效的方法是让学员每读完一段话后用一句话概括，另一种方法是让学员准备一个提要来帮助别人学习这些材料。这种活动可以促使学员认真考虑什么重要、什么不重要。

人工智能

一、引言

* 人工智能的定义和发展历程
* 人工智能的应用领域和潜在影响

二、人工智能的主要技术

* 机器学习：监督学习、无监督学习、强化学习
* 深度学习：神经网络、卷积神经网络、循环神经网络等
* 自然语言处理：语音识别、自然语言生成、语义理解等
* 计算机视觉：目标检测、图像识别、人脸识别等

三、人工智能的实际应用
* 自动驾驶：无人驾驶汽车的发展现状和未来趋势
* 医疗健康：人工智能在医疗影像诊断、个性化治疗等方面的应用
* 智能家居：智能家居设备如何通过人工智能技术提升用户体验
* 金融科技：人工智能在风险评估、投资决策等方面的应用

四、人工智能的伦理和社会影响
* 数据隐私和安全问题
* 人工智能对就业市场的影响：自动化和就业创造之间的平衡
* 人工智能的道德和法律责任问题

五、未来展望和挑战
* 人工智能技术的未来发展趋势和潜在挑战
* 如何应对人工智能带来的社会变革和经济变革
* 人工智能与人类的和谐共生：如何平衡人工智能的发展与人类的需求和利益

流程图是用来表现步骤、事件和阶段的顺序。流程图一般从左向右或从上到下展示，用箭头连接各步骤。

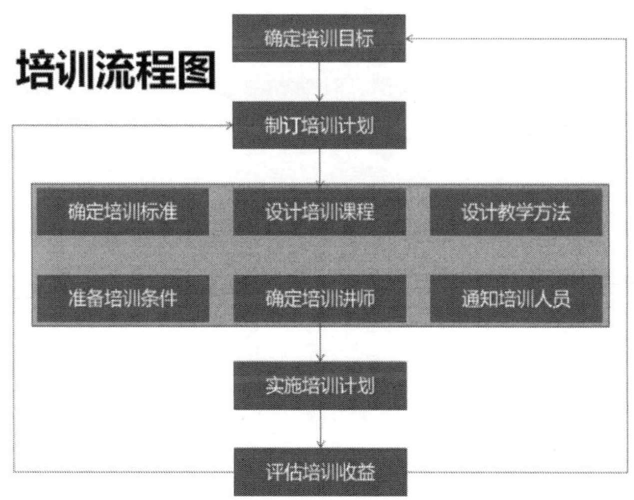

表格是对材料进行全面的综合分析，抽取主要信息，并从某一角度出发，将这些信息全部陈列出来，从而反映材料的整体面貌。比如在第五章“课程开发模型：基于系统化模型的课程设计”中，通过表格的形式，列出了不同课程开发模型的优点和缺点。

（2）元认知策略

元认知策略指学生对自己的认知过程及结果的有效监视及控制的策略。它主要包括计划策略、监控策略和调节策略。

①计划策略是根据认知活动的特定目标，在一项活动之前制订计划，预计结果、选择策略、想出解决问题的方法，并预计其有效性，包括设置学习目标、浏览阅读材料、产生待回答的问题以及分析如何完成学习任务。

②监控策略是在认知活动进行的过程中，根据认知目标及时评价、反馈认知活动的结果与不足，正确估计自己达到认知目标的程度、水平，并根据有效性标准评价各种认知行动、策略的效果，包括阅读时对注意加以跟踪、对材料进行自我提问、考试时掌控自己的速度和时间。

在培训过程中，如何吸引学员的注意？

引人入胜的开场白。一个好的开场白可以立刻引起学员的兴趣。例如提出一个问题、分享一个有趣的事实或故事，或者展示一个惊人的数据。

使用生动的案例和示例。利用多媒体资源，使用跟学员工作场景相关的案例和示例可以让抽象的概念变得更具体、更易于理解。

设计教学方式。一成不变的教学方式容易让学员感到无聊或失去兴趣。设计不同的教学方式，比如讲解、示范、小组讨论等，保持学员的学习兴趣。

设置明确的学习目标和及时反馈。让学员知道他们为什么要学习这个课程，以及他们将如何应用所学知识。同时，提供及时反馈可以帮助学员了解他们的进步和需要改进的地方。

③调节策略是根据对认知活动结果的检查，如发现问题，则采取相应的补救措施；或者根据对认知策略的效果的检查，及时修正、调整认知策略。

（3）资源管理策略

资源管理策略是辅助学生管理可用的环境和资源的策略，对学生的动机有重要的作用。它主要包括时间管理策略、学习环境管理策略、努力状态管理策略、学业求助管理策略。

时间管理策略是资源管理策略中的重要组成部分，它涉及如何有效地规划、分配和利用时间，以达到个人或组织的目标。以下是关于时间管理策略的详细要点。

①目标设定。明确的目标是进行有效时间管理的前提。明确长期目标和短期目标，确定应该将时间用在哪些任务上。

②优先级排序。将任务按照优先级进行排序，是时间管理的关键环节。对任务进行评估，确定哪些任务是最重要的，优先处理这些任务。

③计划和日程安排。制订详细的计划和日程安排，有助于合理分配时间。可以使用日程表、计划表或其他时间管理工具。

④避免拖延。拖延是时间管理的敌人。通过设定小目标和时间限制，避免拖延，提高工作效率。

⑤集中注意力。在处理任务时，集中注意力可以大大提高工作效率。避免分心，一次只做一件事，这样可以更有效地利用时间。

⑥休息和放松。合理安排休息和放松的时间，也是有效时间管理的一部分。长时间工作会导致疲劳和效率下降，所以需要适时休息和放松。

（4）学习环境管理策略

学习环境管理策略是学习环境是可以人为地选择、改善与创设的。设置学习环境是为了使周围的环境更有利于学习活动的展开。首先，要注意调节自然条件，如流通的空气、适宜的温度、明亮的光线以及和谐的色彩等。其次，要设计好学习的空间，如空间范围、室内布置、用具摆放等因素。如果条件允许，应当有一个相对固定的学习场所，以减少家庭成员间的相互干扰，形成一个相对安静的学习环境。最后，要注意桌面的整洁。各种学习用具要摆放在固定的地方，用完后归还原处。学习时，尽量减少可能的干扰和分心的因素。例如，最好将电话挂断，以免分心和打乱思绪。

（5）努力状态管理策略

努力状态管理策略是系统性的学习大都是需要意志力的。为了使学员维持自己的意志力，需要不断地鼓励学员进行自我激励。激发学员的学习动机，对学习本身就有兴趣、好奇心和求知欲是一种重要的内在学习动机，它可以使人持续学习下去，敢于克服障碍，迎接挑战，从学习活动中获得快乐。

学业求助管理策略涉及学生在学习过程中遇到困难时如何寻求帮助，从而提高学习效率。以下是关于学业求助管理策略的要点。

①识别问题。明确在学习中遇到的问题或困难。例如某个概念不理解、某个技能不熟练，或者是某个任务无法完成。

②判断求助需求。判断是否需要寻求帮助。这取决于问题的性质和个体的解决能力。如果自己无法解决问题，就需要寻求帮助。

③选择合适的帮助源。选择合适的帮助源是学业求助管理策略的关键。需要考虑问题的性质、可用的资源和求助的效率等因素。

④有效沟通。清晰地描述问题，提供足够的信息，并注意表达方式和语气等细节。有效的沟通有助于帮助者更好地理解问题，并提供更有针对性的帮助。

⑤积极寻求反馈。了解自己的学习状况和需要改进的地方。通过与帮助者交流，学员可以获得关于自己的学习状况和进步情况的反馈，从而更好地调整学习策略。

第七章　培训实践理论

一、ASK 模型：如何区分培训内容

1. 理论简介

ASK 模型是一种用于评估员工综合素质的模型，由美国当代著名心理学家、教育家本杰明·布鲁姆提出，通过关注知识、技能和态度这三个关键要素，企业可以更精确地招聘、培训和管理员工，以提高整体绩效，促进个人成长。

2. 核心内容

ASK 模型包括三个要素层次。

（1）知识（Knowledge）层次

知识是指员工在特定领域或职责上需要掌握的事实和理论知识，包括对事物的了解、描述和解释。知识的积累有助于员工更好地理解工作内容，作出明智的决策。企业中的培训和学习活动可以帮助员工获取新知识或更新旧知识，比如员工对产品、市场、竞争对手以及行业趋势的了解。知识是基础，它为技能和态度的发展提供了支撑。

现代知识观根据反映活动的形式不同，将知识分为陈述性知识和程序性知识。陈述性知识也叫描述性知识，它描述了事物的性质、属性或关系。陈述性知识通常可以用语言或文字来表达，而不涉及具体的操作步骤。这类知识主要用来回答事物“是什么”“怎么样”的问题，可用来辨别事物。这种知识与人们日常使用的知识的概念内涵较为一致，也称为狭义的知识。程序性知识也叫操作性知识，是个体难以清楚陈述、只能借助于某种作业形式间接推测其存在的知识。这类知识主要用来回答“怎么想”“怎么做”的问题，是经过学习后自动化了的关于行为步骤的知识。

陈述性知识的获得常常是学习程序性知识的基础，程序性知识的获得又为获取新的陈述性知识提供了可靠保证，例如学习视频剪辑软件时，软件功能和快捷键的学习是属于陈述性知识，当通过大量的反复练习，对视频剪辑软件的理解程度达到和平常使用办公软件一样流利时，关于视频剪辑软件的陈述性知识就转化为程序性知识。陈述性知识的获得与程序性知识的获得是学习过程中两个连续的阶段，例如，“Ctrl+C 是复制，Ctrl+V 是粘贴”，能说出这一规则的是陈述性知识，而操作过程的技能则是程序性知识。

请区分以下哪些属于陈述性知识，哪些属于程序性知识。

1. 骑自行车：做出如何平衡、踩踏、刹车和转弯等步骤。
2. 化学元素周期表：描述各种元素的名称、符号、原子序数和原子质量等信息。
3. 历史事件：描述日期、事件等信息，如第二次世界大战爆发于 1931 年。
4. 烹饪一道菜：步骤包括食材准备、烹饪时间和温度掌握、调味品的使用等。
5. 数学公式：掌握各种数学公式，如勾股定理、二次方程等。
6. 开车：流程包括起步、换挡、并线、停车等。
7. 编写计算机程序：步骤包括编写代码、调试、测试和部署等。
8. 地理信息：包括国家、城市、山脉、河流的名称和位置。

说明：“2、3、5、8”属于陈述性知识，“1、4、6、7”属于程序性知识。

（2）技能（Skill）层次

技能是指员工在工作中通过实践和经验所掌握的技术、方法和程序，包括如何执行任务和解决问题。技能是在知识的基础上形成的，需要不断的练习和提高。

强调身体的运动和控制

借助内部言语在头脑中实现的认识活动方式

现代教育学根据技能的性质和特点，把技能分成动作技能和智力技能。动作技能是指与身体运动、协调和操作相关的，通过学习而形成的符合法则的操作活动方式。强调的是身体的运动和控制。这类技能涵盖的范围广泛，如体育运动、手工艺品制作、日常生活中的动作等。智力技能是借助内部言语在头脑中实现的认识活动方式。这种认知活动借助内部言语按合理的、完善的程序组织起来，并且一环扣一环，仿佛自动化地进行着。比如学员掌握了办公软件快捷键的技能，在处理文档时就能运用自如地复制粘贴；学员掌握了客户投诉处理技能，就能根据不同场景下的客户投诉自如地按照处理程序构思，解决实际问题。

动作技能和智力技能的区分不是绝对的，许多动作技能都包含有智力技能的成分，如修车、安装收音机等。任何动作技能都离不开大脑的调节与控制，因而也离不开智力技能。同样，智力技能的获得也离不开各种动作技能。在运用动作技能过程中，常有许多障碍、事故要排除，或者有新的情况要处理，这就需要智力技能与动作技能的协作，比如在交通拥挤的路上开汽车。

请区分以下哪些属于动作技能，哪些属于智力技能。

1. 编程技能：编写计算机程序需要逻辑思维、问题解决能力和算法设计能力。
2. 战略思维：能够在棋类游戏或商业决策中制订长期计划和策略。
3. 篮球运球：运用正确的手法将篮球运过球场，避开对手的防守。
4. 烹饪技能：包含切、翻煎、烹炒等在厨房中的动作，从而制作美味的食物。
5. 写作技能：能够用清晰、逻辑和有吸引力的方式书写文章、报告或其他文本。
6. 舞蹈表演：能够通过身体的动作和节奏，表达情感和故事。
7. 木工技能：包括使用锯、锤子、刨子等工具来制作家具和木制品。
8. 数学解题：能够理解数学概念，分析数学问题，并找到解决方案。

说明：“3、4、6、7”属于动作技能，“1、2、5、8”属于智力技能。

（3）态度（Attitude）层次

态度是指员工对工作和组织的情感、信仰、价值观和意愿，包括了行为意图、自我调节和对工作的投入。态度是在知识和技能的基础上形成的，是人们内在的心理状态。积极的态度有助于员工更好地适应和融入组织文化，提高工作满意度，更好地与同事和客户互动。态度的形成与个体的成长环境、教育环境密切相关，企业在选人、用人、育人时首先注重态度，因为知识和技能可以通过培训等手段影响，而态度往往不容易改变。一个人对组织贡献程度的决定因素往往不是能力，而是做事的态度。态度不好的人，能力越强，破坏性越大。

以销售人员为例，其 ASK 模型构成如下表。

ASK 模型	销售人员
知识	◇企业的产品有哪些？ ◇企业的品牌价值体现在哪里？ ◇竞争对手的优势有哪些？ ◇针对的客户群体有哪些？ ◇业务办理的流程是什么样的？
技能	◇如何跟客户开场介绍？ ◇如何激发客户的购买欲？ ◇如何讲解产品的亮点？ ◇如何处理客户的异议？ ◇如何维护客户关系？
态度	◇为什么要做销售？ ◇在这个行业里最大的收获是什么？ ◇在销售生涯中最有成就感的是什么时候？ ◇销售培训对你有什么帮助？

基于 ASK 模型产生的培训需求，知识层的培训主要解决“What”，即“是什么”的问题，例如“产品培训”“行业竞品分析”“高效能人士的 7 个习惯”等。技能层的培训就主要解决“How”，即“如何做”的问题，例如“Excel 在财务管理中的应用”“如何打造团队”“招聘选才五部曲”等。态度层的培训主要解决“Why”，即“为什么”的问题，例如“好心态铸造好前程”“优秀员工心态养成”等。

3. 注意事项

尽管 ASK 模型在员工绩效和个人成长方面具有广泛的应用潜力，但也存在一些挑战。首先，知识的更新速度非常快，特别在知识爆炸的时代，员工需要不断学习和更新知识，这对组织和员工都是一项挑战。其次，员工需要通过不断的实践才能掌握某项技能，对于企业来说，培养或提升员工的技能水平，所需的成本较高。最后，评估员工的态度往往比较主观，不容易量化。

为了应对这些挑战，可以采取以下措施。

（1）使用客观的评估工具来评估员工的综合素质，如360° 反馈法和柯氏评估模式。

（2）提供持续的学习和发展机会，确保员工的知识始终保持更新。

（3）在招聘阶段通过面试的形式，测试员工的某项技能，提高岗位适配率。

（4）将ASK模型与组织的战略和目标相对齐，确保评估和发展的一致性。

4. 应用场景

ASK模型被广泛应用于培训开发、招聘选拔和绩效评估等领域，它有助于深入了解员工的行为和技能，更全面地评估和开发员工的潜力与能力。

（1）招聘

企业可以使用ASK模型来制定招聘需求，并根据ASK模型中所描述的岗位胜任力要求来筛选应聘者，这个筛选过程可通过面试、测试以及背景调查等方式进行评估。

某公司急需一位卓越的项目经理，引领项目团队向前冲刺。为了确保招聘到最适合的人选，人力资源部门决定采用ASK模型来评估应聘者是否符合公司的要求。

首先，人力资源部门明确定义了关键的职业素质，例如，项目管理、人员管理、风险管理等。其次，他们需要评估应聘者是否具备这些素质的知识（K）、技能（S）和态度（A）。例如，对于项目管理这个技能，人力资源部门可以询问应聘者是否了解项目管理工具、项目计划编制和项目进度管理等方面的知识（K）。再次，他们可以要求应聘者分享他们曾经管理的项目，评估其项目管理技能（S），例如，项目计划的编制、进度的监控和调整、风险管理等方面。最后，人力资源部门会审查应聘者是否具备出色的工作态度（A），如积极的沟通等。

通过采用ASK模型，人力资源部门可深入评估应聘者的综合素质和潜力，确保选中最佳的项目经理来引领团队，同时为公司的项目成功实施提供坚实支持。

（2）培训与发展

培训师可以使用 ASK 模型来确定员工的培训和发展方向，根据员工知识、技能和态度方面的不足来制订相应的培训计划和课程。

某电子科技公司发现，部分员工在沟通能力方面存在不足，无法有效与同事和客户进行合作和交流，这对工作效率和客户满意度造成了负面影响。为了改善这一状况，培训师可以依据 ASK 模型制订相应的培训计划和课程，帮助员工提升其沟通能力。

1. 知识：根据需求设计课程内容，涵盖沟通相关的基本知识，如沟通类型、沟通技巧、语言表达等方面的知识。员工可以通过这些培训学到沟通的基本原则和技巧，从而更好地与同事和客户进行互动。

2. 技能：邀请专业的培训师，通过模拟演练等方式，帮助员工锻炼沟通技能和解决问题的能力。例如，员工可以参加角色扮演活动，模拟客户面对面交流的场景，通过实际操作来提高他们的沟通技能。

3. 态度：组织讨论会、小组活动等方式，引导员工树立积极的沟通态度，包括倾听、理解、尊重等方面。通过讨论和交流，员工可以学会尊重他人的观点，理解不同的沟通方式，从而更加有效地传达自己的信息。

通过这些培训计划和课程，员工可以更好地掌握沟通的知识、技能和态度，从而提高工作效率和客户满意度。这不仅对员工的个人成长有益，也有助于公司提升其整体绩效和竞争力。

（3）绩效评估

在绩效评估中，企业可以根据 ASK 模型对员工进行全面的评估，不仅考察其工作业绩，还要考虑其具备的知识、技能和态度。例如，某销售公司可能设置了销售额、客户满意度等指标来评估员工的绩效，但如果员工缺乏相关的销售技巧和知识，他们很难达到预期的绩效目标。因此，企业可以根据 ASK 模型评估员工的销售技巧、市场知识和客户服务态度等方面的素质，并根据评估结果制订相应的培训计划和绩效激励措施，帮助员工提升绩效水平，同时也间接提升企业的整体绩效。这样的评估不仅限于业绩，还包括员工的核心能力，有助于确保员工全面发展，适应不断变化的职场需求。

假设某企业需要对销售人员的绩效进行评估，其中一个重要指标是销售额的增长率。为了更全面地评估销售人员的绩效，企业可以使用ASK模型来分析销售人员所具备的知识、技能和态度。

首先，企业可以通过考核销售人员的知识水平来确定其业绩表现的可能性。例如，销售人员是否了解公司的产品和服务，是否掌握了销售技巧和销售流程等。员工的知识水平对于正确理解市场需求和客户期望至关重要，这将为制定销售策略提供坚实基础。

其次，企业可以通过考核销售人员的技能水平来评估其能否达到销售业绩目标。例如，销售人员是否具备开发新客户、维护老客户等方面的销售技能，是否能够熟练使用销售工具和系统等。销售技能是将知识转化为实际销售行动的桥梁，对于实现销售目标至关重要。

最后，企业可以考查销售人员的态度对绩效的影响。例如，销售人员是否有积极的工作态度和服务意识，是否愿意接受挑战和变化等。积极的工作态度和敬业精神可以增强销售人员的工作动力，有助于应对市场竞争和客户需求的变化。

通过对销售人员的知识、技能和态度进行评估，企业可以更全面地了解销售人员的绩效表现，有针对性地制订培训和发展计划，提高员工绩效和企业业绩。

二、SMART 原则：如何制定培训目标

1. 理论简介

SMART 原则由管理学大师彼得·德鲁克在他的著作《管理的实践》中提出。德鲁克认为，有效的目标应该具有明确、可衡量、可实现、相关和时限等特点。后来，这个原则逐渐发展成为一种广泛应用的目标管理方法，并被许多企业和组织采纳。它可以激励人们更有动力地追求自己的梦想，量化考核目标，使目标考核更加规范化、科学化，同时也可以帮助企业制定有效的目标和策略，提高工作效率和质量。

2. 核心目标

（1）S：具体的（Specific）目标

明确且详细的目标。这些目标是可以用明确的语言清晰地描述所期望的行为标准，使人能够明白自己正在追求什么。如果目标不够具体，就很难衡量进展情况和

成功率。一个具体的目标应该回答以下问题：

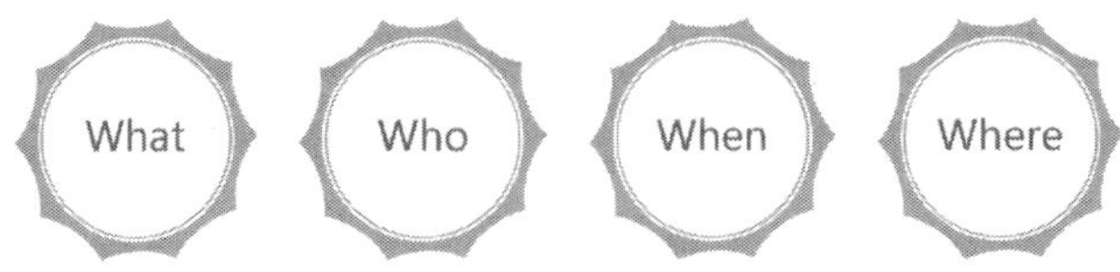

① What（什么）。明确想要实现的是什么。应该清楚地描述目标要达到的结果或成果。例如，想要在工作中提升撰写文案的能力，目标不应该定为“提升撰写文案的能力”，具体的目标应该是“通过参加 ×××× 培训课程，能够描述撰写文案的技巧和常见工具的使用方法”。

② Who（谁）。明确目标涉及的人员或团队。这有助于界定责任和相关参与者。例如，想要改善团队的协作，那具体的目标可以是“通过组织团队建设活动，提升市场团队的合作能力，增强销售团队与市场部门之间的协同效应”。

③ When（何时）。明确目标的时间范围。设置截止日期有助于确保目标具有紧迫感，并促使参与者采取行动。这与 SMART 原则的“T”[有时限的（Time-bound）]一致。例如，想要学习一门新的技能，不仅限于定成“通过参与培训课程，掌握一门新的技能”，具体的目标可以是“在三个月内完成在线课程学习，并通过考试获得证书”。

④ Where（在哪里）。明确目标的地点或场景。这对于一些特定的目标是必要的。例如，想要参加一场马拉松比赛，那具体的目标可以是“在明年某个城市的马拉松比赛中完成全程 42 公里的跑步”。

参考例子如下：

反例	正例
我想变得更健康。	我的目标是通过每周锻炼 5 天，在六个月内减少 20 斤体重。
我想赚更多的钱。	本月的目标是在保证利润率不变的情况下，增加 20% 的销售额。
我想提高销售技巧。	我要在未来一年内参加至少三场有关市场营销的培训课程。

（2）M：可衡量的（Measurable）目标

目标能够被量化成具体的指标或者行为化成具体的动作。比如销售岗的指标通常是具体的销售额或者销售占比，能够衡量当月业绩的进展情况。SMART 原则要求目标可以被测量，以便评估是否取得了成功。以下是确保目标具有可衡量性的几个关键要素。

①定量指标。确保目标可以用数字来标识，通常可以通过数据计算和分析来评估其达成情况。定量指标的特点是具有明确的标准和度量方法，能够客观、准确地反映评估对象的情况。在绩效考核中，常见的定量指标包括销售额、利润率、客户满意度、生产效率等。例如，销售额可以通过具体的金额来衡量，利润率可以通过销售额和成本的比例来计算。与定量目标相对的是定性指标，主要是指无法直接通过数据计算分析评价内容，而是需要对评价对象进行客观描述和分析来反映评价结果的指标。例如，在绩效考核中，员工的个人品质、工作态度、沟通能力、团队协作等都是定性指标。

②基准线。确定目标的起始点或基准线。有助于比较当前状态和目标之间的差距，并衡量进展。例如，假设目标是提高客户满意度，首先需要评估现有满意度水平。假设当前满意度为 80%，则目标可以设定为“将客户满意度从 80% 提高到 90%”。在这里，80% 就是基准线，90% 是目标值。

③可追踪性能力。确保目标是可追踪的，即能够实时监测和记录进展情况。这可以通过使用工具、指标和报告来实现。例如，对于销售目标，可以使用销售报告来追踪每月的销售额。对于客户满意度目标，可以使用定期的客户调查，并将结果记录在追踪表中，以便跟踪满意度的变化趋势。

参考例子如下：

反例	正例
我想通过学习让自己的行业知识更加丰富。	每周至少阅读 3 篇相关行业文章，每月至少参加 1 次与行业相关的线下活动，每季度至少学习 1 门与行业相关的课程。
我想通过健身，使自己保持在健康的体重范围。	每月至少减重 1 公斤，每周至少锻炼 4 次，每次至少消耗 500 卡路里，每周记录体重和锻炼数据，使体重保持在 70 公斤左右。
我想通过每天读英语文章，提高英语口语水平。	每天早上六点半到七点半读英语文章，每周至少练习 5 次，每次至少 30 分钟，直到能够流利地朗读为止。

（3）A：可达到的（Attainable）目标

目标必须是可实现的。目标不可太低，也不可太高，要能够达到“跳一跳，够得着”的程度，需要考虑到现实条件和可用资源，分析判断这个目标能否实现。以下是评估目标是否可达到的关键要素。

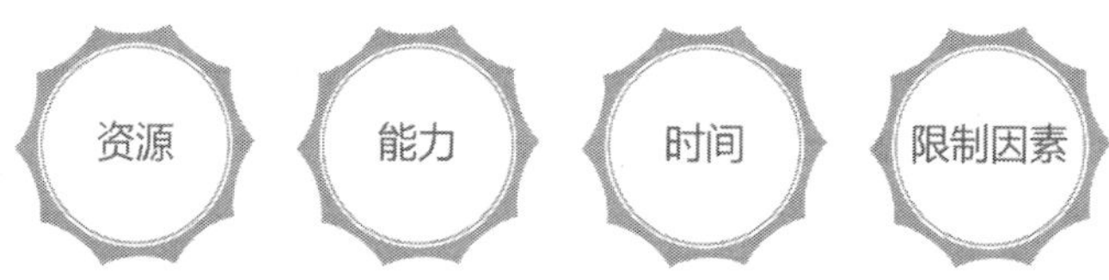

①资源。评估所需的资源，包括人力、财力、技术和设备等。确定是否有足够的资源支持目标的实现。如果资源不足，考虑如何获取所需资源或调整目标以适应现有资源。

②能力。评估自身和团队的能力，确定是否具备实现目标所需的知识、技能和经验。如果存在能力上的不足，制订培训计划或寻求外部支持来提高能力水平。

③时间。评估所需的时间框架和截止日期，确保在给定的时间内可以实现目标。考虑工作量、优先级和其他任务的安排，以确保目标的实现与其他工作的平衡。

④限制因素。考虑到可能存在的限制因素，如法规要求、市场条件、技术限制等。确定这些因素是否会影响目标的实现，并作出相应的调整或寻找解决方案。

参考例子如下表：

反例	正例
我要在一个月内掌握英语。	我要在六个月内通过学完《新概念英语一》，掌握777个英语单词和基础的英语语法。
我要冲刺100%的销售增长率。	我要在未来3个月内每周增加10个潜在客户，并将客户满意度评分从80分提高到90分以上，提高客户成交率，使增长率达到30%以上
我想要成为一名国际知名的音乐家。	我要在未来5年内每天练习至少8个小时的钢琴演奏技巧，以便于提高自己的音乐水平；至少参加5场钢琴比赛，并取得一定成绩，以便于提高自己的知名度和口碑。

（4）R：有关联的（Relevant）目标

目标必须与个人或组织的价值观、长期目标、组织使命和战略目标保持一定关联。在职场中，绩效指标是与本职工作相关联的，如果目标与个体的价值观或其他目标不相关，个体就会失去动力，难以坚持下去。以下是评估目标是否有关联的关键要素。

①目标与价值观的关联性。价值观代表了个体或组织对于重要和有意义的事情的信念和观念。如果一个目标与价值观不相关，可能会导致缺乏动力和意愿去追求它。因此，在制定目标时，需要考虑以下问题：这个目标是否与我的核心价值观相一致？这个目标是否与我个人的使命和愿景相契合？

例如，如果个体或组织的价值观涉及社会责任和环境保护，那么设定的目标可能是推动可持续发展战略，而不是仅仅关注短期利润最大化。

②目标与长期目标的关联性。长期目标代表了个体或组织希望在未来实现的重要目标，每个设定的目标应该是朝着长期目标的方向前进。在制定目标时，需要考虑以下问题：这个目标是否有助于实现长期目标？这个目标是不是实现长期目标的一个重要里程碑？

例如，如果长期目标是成为一名杰出的创业者，那么设定的目标可能是在未来三年内学习和掌握关于创业所需的基础知识和技能。

③目标与组织目标的关联性。有效的目标应该能够为组织的整体成功作出贡献，并与组织的使命和战略目标保持一致。在制定目标时，需要考虑以下问题：这个目标是否与组织的使命和战略目标相关？这个目标是否有助于提升组织的绩效和竞争力？

例如，如果组织的使命是提供高质量的客户服务，那么设定的目标可能是提高客户满意度和快速响应客户需求。这样的目标将与组织的使命保持一致，并有助于提升组织在市场中的声誉和竞争力。

参考例子如下：

反例	正例
我是一名销售员，需要学习如何制作财务报表。	我要学习市场调研的基本知识，以便于提高自己的市场分析能力；我要学习团队管理的技能，以便于提高自己的领导力，带领销售团队冲刺更高业绩。
我是一名行政人员，需要学习绩效的制定方法。	我要学习商务接待的流程，以便于更好地服务公司来访客户；我要学习打印机的使用方法，以便于更好地适配岗位。
我是一名培训师，需要学习C语言，Python。	我要学习教育学和教育心理学的相关知识，并掌握课程开发工具的使用技巧，以便输出高质量的课程。

（5）T：有时限的（Time–bound）目标

目标必须明确截止日期，这需要根据工作任务的优先级和重要性，制定完成目标项目的时间限制。设定时间限制有以下好处。

①提高效率和时间管理。明确的时间限制可以提高工作效率。它促使我们分配时间、制订计划，并集中精力去完成任务。通过有效管理时间，能够更好地利用有限的资源，提高工作效率。

②创造紧迫感和动力。时间限制可以产生紧迫感，激发动力和决心。当知道目标必须在特定时间内实现时，个体将会更加专注，以确保按时完成任务。时间限制能够激发积极行动，避免拖延和延迟。

③评估和追踪进展。设定时间限制能够更好地评估和追踪目标的进展。个体可以根据时间限制来制定里程碑和进度检查点，以便定期评估目标的达成情况，并根据需要进行调整和优化。

如何制定具有时间限制的目标？以下是一些关键步骤。

一是要确定截止日期。在设定目标时，一定要设定一个具体的截止日期。这将激励目标实施者在规定的时间内保持专注，并最大限度地发挥潜力。

二是要将目标分解为小目标。将目标分解为更小的、可量化的目标，这使分配时间和资源更加容易，有助于更好地估计实现目标所需的时间，更好地实现目标。

三是要利用时间管理工具。时间管理工具（如日历、提醒和时间表等）可以更好地规划和管理时间。这些工具可以将任务分解为可管理的部分，并保持时间表的一致性和合理性。

四是要跟踪进度。设定目标后，需要定期跟踪和评估进展情况。这可以确定是否需要调整时间表或重新分配资源。

五是要与他人协作。与他人协作可以更好地管理时间和资源以实现目标。通过与他人合作，可以共同确定目标和时间表，从而更好地规划和分配资源。

参考例子如下：

反例	正例
公司计划在下个季度内推出新产品。	公司计划在3个月内，即2024年3月前，完成一个项目的开发，并在4个月内，即2024年4月前提交作品。
公司计划今年上半年提升20%销售额。	公司计划在第一季度，即2024年1—3月，提升5%的销售额，第二季度，即2024年4—6月，提升15%的销售额。
公司准备进行降本增效。	公司计划在15天内，即2024年1月15日前，盘点公司不必要的费用支出并调配资源。

3. 应用场景

SMART原则可以应用于各个领域和情境，有助于更有效地制定目标和计划行动。以下是一些常见的应用场景。

（1）个人目标设定

如果你是一名自媒体从业人员，希望增加粉丝数量，那么可以运用SMART原则来明确目标，如“在三个月内，每周发布至少五篇有价值的小红书推文，并每周至少进行一次在线直播，从而提高粉丝数量至少10%”。

（2）绩效评估

假设你是一名人力资源经理，需要为业务线的培训师设定考核指标。其中之一是“培训抽检率”，可按照SMART原则设定。

①定义。季度内抽检合格的学员人数与参与抽检的人数的比值。

②标准。抽检合格是指每个学员回答问题正确率≥80%。

③参与抽检的人数。每期课程≥10人。

④目标。100%。

（3）教育培训

假设你正在开发一门“数字营销”课程，可以根据SMART原则来设定培训目标。通过1天的培训，学习者能够：

①清晰描述数字营销的定义。

②通过案例说明数字营销常见的渠道和工具。

③掌握数字营销的策略技巧并输出策划方案。

除此之外，SMART 原则还可用于职业发展、学习计划、健身计划、项目管理等。

4. 运用 SMART 原则检验培训目标

培训目标，也称为课程目标，是指培训活动的目的和预期成果。目标可以针对每一个培训阶段设置，也可以面向整个培训计划来设定。编写培训目标是培训师的基本功，目前比较流行的编写模型是“描述行为目标的 ABCD 模型”。行为目标的概念由美国俄亥俄州立大学的泰勒教授最先提出。泰勒认为最有用的目标陈述形式就是行为目标，即用可观察的学生行为来陈述某一特殊的学习结果。

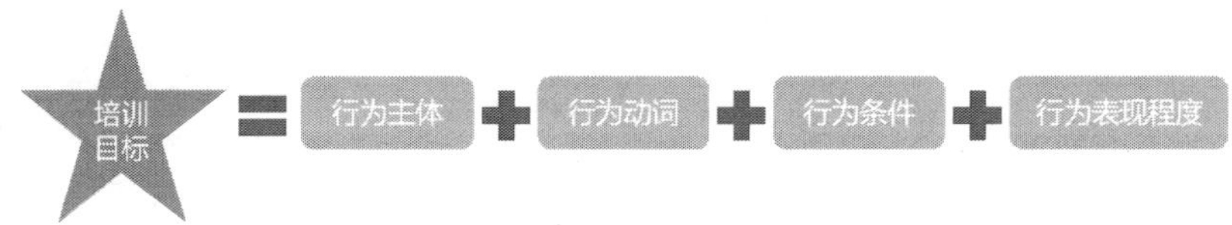

（1）行为主体（Audience）

行为目标表述的应该是学员的行为，因此行为主体是学员。例如，“入职 1 年的基层员工”“入职 3 年的基层管理人员”等。有的学者还主张在目标中说明行为主体的基本特点。

（2）行为动词（Behavior）

行为目标需要恰当的行为动词来表述学员能够做出某种行为。基本方法是采用一个动宾结构的短语。行为动词需要验证，即可以通过观察或者测试从而得出结果，例如，说出、背诵、辨认、复述、描述、识别、再认、列举等，其他行为动词（如掌握、领会、养成、保持、热爱、学习等）表述不明确，会对之后的培训评估带来困难。

请区分以下哪些属于可验证的培训目标，哪些属于不可验证的培训目标。

1. 通过培训，学员将能够描述跨部门沟通的五个步骤。
2. 通过培训，受训人员能够提高自己的沟通能力。
3. 在培训结束后，学员将能够计算企业各项财务指标。
4. 在培训结束后，学员能独立完成域名注册、服务器配置等网站搭建操作。
5. 通过本次培训，学员能够掌握如何编写高质量的商业计划书。
6. 通过本次培训，学员能够提高自己的自信心和心理素质。

说明:“1、3、4、5”属于可验证的培训目标，“2、6”属于不可验证的培训目标。

（3）行为条件（Condition）

行为目标需要在表述中指明行为的条件，即影响行为表现的特定限制或范围等。通常包括环境因素、设备因素、问题明确性的因素。如在 1 个小时内、通过 1 天的培训等。

（4）行为表现程度（Degree）

符合行为要求的行为标准，如 90% 正确率、30 分钟内完成等，旨在说明经过培训后能达成的程度有多高，为了使培训目标具有可测量的特点。标准一般从行为的速度、准确性和质量三方面来确定。

例如，培训目标是通过 2 小时的学习和演练，学习者能够：描述跨部门沟通的概念，且正确率达到 85%；区分跨部门沟通常见问题的类型和障碍，且正确率达到 90%；运用跨部门沟通的对策并在角色扮演中实际应用。在这个例子中，行为主体是“学习者”，行为动词是“描述、区分、运用”，行为条件是“通过 2 小时的学习和演练”，行为表现程度是“正确率达到 85%、90%”。

在编写培训目标时要注意：培训目标表述的是学习者的学习结果，而不应陈述培训师将做什么；培训目标的表述应力求明确、具体，可以观察和衡量，避免用含糊和不切实际的语言表述；编写的培训目标应体现学习结果的类型及其层次性。

为了便于运用 SMART 原则检验培训目标，笔者制作培训目标评估表，仅供参考。

目标描述	SMART原则	标准	评分(1-5)
	具体的(Specific)	目标是否明确定义和清晰？是否回答了“What（什么）”？	
	可衡量的(Measurable)	目标是否可以被量化？是否有明确的度量标准？是否回答了“How much（多少）”？	
	可达到的(Attainable)	目标是否在现实条件下可以实现？是否有足够的资源和能力？是否回答了“Is it possible（是否可能）”？	
	有关联的(Relevant)	目标是否与个体或组织的长期目标、价值观或战略相关联？是否回答了“Is it worthwhile（是否值得）”？	
	有时限的(Time-bound)	目标是否有设定的截止日期？是否有时间框架？是否回答了“When（何时）”？	
	总分	20分≤总分≤25分，高度符合；15分≤总分＜20分，中度符合；总分＜15分，不符合。	

三、黄金圈法则：如何厘清培训逻辑

1. 理论简介

黄金圈法则是由美国著名作家西蒙・斯涅克提出的一种思考模式，用于协助个人或组织找到自己的核心目的和价值。黄金圈法则认为，成功的个人或企业都能清晰地表达出其核心信念和价值观，并通过这些信念和价值观来影响和吸引他人。西蒙・斯涅克在演讲“伟大的领袖如何激励行动”中详细阐述了“黄金圈”法则。

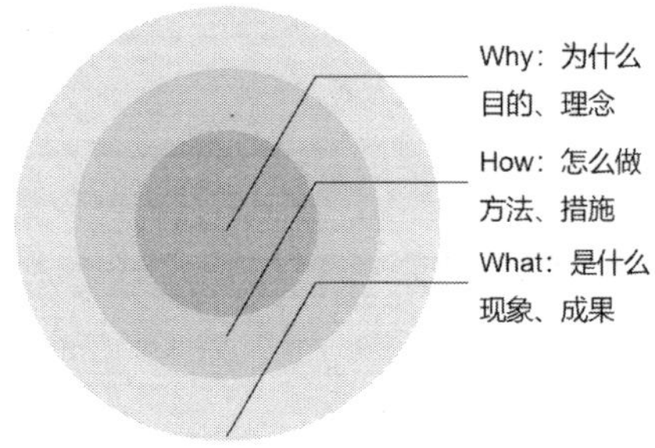

2. 核心内容

黄金圈是一种思维模型，它把思考和认识问题画成三个圈。通过回答三个问题来揭示一个组织或个人的目的和动机。外圈层（What）指的是事情的表象，中圈层（How）是实现目标的途径和方法，内圈层（Why）是做事的初衷和核心理念。

（1）Why（为什么）

内圈层关注的是组织或个人的目的、信念和使命。在黄金圈法则中，Why是核心，是企业发展和成功的关键所在。内圈层可以通过以下问题来梳理：

①这个事情为什么存在？

②我们为什么需要去做这个事情？

③这个事情对我们的目标和价值观有什么贡献？

④我们希望通过做这个事情来达成什么目的？

“为什么”是企业成功的关键，因为企业的成功不是仅取决于它们的产品或服务，而是因为源自内在的动机、价值观和目标。成功的企业通常会有一个明确的使命，这个使命不只是为了谋取利润或扩大市场份额，更是为了实现某种更高尚的目的，或者提供更大的社会价值。只有当企业明确了“Why”，才能更好地表达“How”和“What”。此外，清晰的“为什么”还有助于吸引志同道合的员工和客户，因为它极易激发情感共鸣，建立共同的信仰和价值观，为企业或个人的行动提供动力和方向。

评估企业的“Why”通常需要深入了解企业的历史、价值观和愿景等，同时也需要了解行业的趋势和市场需求，以便确保能够与市场和客户需求相匹配，并能够不断的适应和发展。

> 企业背景：以产品为中心，主要生产牙刷、沐浴露、梳子等生活用品。
>
> 传统宣传方法：产品导向的宣传通常聚焦于列举产品的功能和特性，例如，电动牙刷采用 ××× 材质、清洁率高达 ×××。这些描述明确了“是什么”，但缺少对消费者更深层需求的回应。
>
> 为了更好地满足客户的需求，运用黄金圈法则，从“为什么”角度重新构思了电动牙刷的宣传。改进后的宣传如下。
>
> 为什么：我们坚信每个人都应该拥有健康的口腔。健康的口腔不仅有助于你绽放自信的笑容，还对整体健康产生积极影响。口腔问题可能导致诸如龋齿和牙周病等问题，甚至对心脏病和糖尿病等全身健康产生负面影响。因此，维护口腔健康至关重要。
>
> 怎么做：为了实现健康的口腔，我们推荐使用我们的电动牙刷。它不仅采用最先进的技术和 ××× 材质制成，还提供高效的清洁，将口腔疾病的风险降至最低。通过每天使用我们的电动牙刷，您可以确保口腔的最佳健康，拥有洁净的牙齿和自信的笑容。
>
> 是什么：我们的电动牙刷具有高速振动、长久续航和智能定时器等出色的功能，以确保您获得最佳的清洁效果。
>
> 这种改进后的宣传强调了产品对客户口腔健康的重要性和积极影响，使客户更容易理解为什么选择这款电动牙刷。这不仅突出了产品的价值和好处，还建立了与消费者更深层次的情感联系。

（2）How（怎么做）

中圈层关注的是组织或个人的方法和策略。它是介于“为什么”和“是什么”之间的关键环节，通过明确目标并找到实现目标的方法来指导行动。中圈层可以通过以下问题来梳理。

①制定的方法和策略是否能够实现组织的目标和愿景？

②需要制订哪些具体的行动和实施计划来支持这些方法和策略?

③我们可以通过哪些指标和评估方式来衡量效果?

黄金圈法则中的How强调企业或组织需要建立有效的业务模式，从而实现自身的目标和愿景。这一过程需要不断思考和改进方法和流程，寻求创新和变革，适应不断变化的市场和环境。在企业或组织中，常常需要深入思考的问题包括：如何设计和制定创新的产品或服务？如何有效地管理和优化业务流程？如何营销和宣传产品或服务？如何招聘和培养优秀的人才？如何控制成本和提高利润率？如何建立品牌和声誉?

案例背景：假设某公司计划推出一款新的智能手表，公司管理层认为该手表具有高科技和智能化的特点，能够满足年轻人的智能穿戴需求，公司将其定位为高端产品。在确定黄金圈的“怎么做”阶段，可以考虑以下问题。

1. 产品生产

(1) 采用哪些高品质材料以确保产品的外观和性能?

(2) 使用哪些最先进的技术来增加产品的智能化程度?

(3) 如何确保生产过程高效、环保、并符合高品质标准?

2. 销售策略

(1) 哪些销售渠道适合推广高端产品？线下专卖店、高端百货商店还是线上电商平台?

(2) 如何建立与零售合作伙伴的关系，以扩大产品的覆盖范围?

(3) 是否提供定制选项以增加产品的吸引力?

3. 定价策略

(1) 如何定价以确保产品在高端市场有竞争力，又能够覆盖成本并实现盈利?

(2) 是否考虑限量发售以提高产品的独特性和吸引力?

(3) 如何调整价格以应对市场需求和竞争环境的变化?

4. 宣传和推广

(1) 采用哪些宣传方式和媒体来展示产品的高科技特性和高端形象?

(2) 是否利用社交媒体、名人代言或活动来吸引目标年轻受众?

(3) 如何传达产品背后的品牌故事和愿景，以建立与消费者的情感联系?

基于以上问题的思考，公司可以制订详细的计划和策略，确保他们的智能手表在市场中被成功推出，成为一款备受欢迎的高端产品。

(3)What(是什么)

外圈层关注的是组织或个人提供的产品或服务。在黄金圈法则中，What 通常是从 Why 和 How 中推导出来的，即组织或个人明确了使命和理念后，再思考如何去实现它们之后，最终形成具体的产品或服务。外圈层可以通过以下问题来梳理。

①我们的产品或服务是什么?

②我们的产品或服务的特点是什么?

③我们的产品或服务能够帮助客户解决哪些问题?

④我们的产品或服务在市场上的定位如何?

⑤我们的产品或服务有哪些优势和劣势?

在黄金圈法则中，产品或服务属于法则的最外层，是最容易被人们看到的部分。然而，它并不是最重要的部分。因为只有当明确了“为什么”和“怎么做”时，产品或服务才能真正具备意义，并能够为成功的实现作出贡献。

3. 启发

大多数人的思考逻辑通常是从“是什么”开始，然后转向“怎么做”和“为什么”。然而，黄金圈法则颠倒了这一思考顺序，强调首先思考“为什么”，然后再关注“怎么做”和“是什么”。这种思考方式为个人和组织提供了一个全新的视角，强调内在动机的驱动。

苹果公司是一个经常被引用的例子，因为它非常擅长运用黄金圈法则来塑造品牌形象和激发消费者的情感共鸣。苹果公司的“为什么”是“改变世界”，他们相信通过创新和设计来改变人们的生活。“怎么做”是通过自己的设计、工程、制造、软件开发等核心技术，创造简单、易用、美观的产品来实现这个目标。“是什么”是他们的产品，例如 iPhone、iPad 和 Mac 电脑等。

4. 用黄金圈法则厘清培训逻辑

黄金圈法则体现的思考逻辑适用于课程开发，能够协助课程设计师更好地理解学员的需求，制定切合实际的课程目标，从而创造出更具吸引力和影响力的学习体验。在实际课程开发中，逻辑顺序并不仅限于 Why–How–What，变体的 Why–What–How 是培训行业中经常用到且比较经典的课程逻辑结构。这种顺序在强调理解学员需求的同时，还有助于明确所要传达的关键信息和实施的方法。

第八章　学习发展理论

一、建构主义学习理论：如何构建知识引导学习者成长

建构主义是学习理论由行为主义发展到认知主义以后的进一步发展。建构主义学习理论认为，知识不是通过教师传授得到的，而是学习者在一定的社会文化背景下，借助他人（包括教师和学习伙伴）的帮助，利用必要的学习资料，通过意义建构的方式获得。这种学习方式强调学生的主体性，认为学习是一个积极主动的过程，而非被动接受的过程。建构主义学习理论的代表人物有瑞士心理学家皮亚杰和苏联心理学家维果茨基。

1. 皮亚杰——瑞士心理学家，儿童认知发展理论

瑞士心理学家皮亚杰以其开创性的关于儿童认知发展的理论而闻名于世，被认为是当代建构主义理论的最早提出者。他认为，儿童是在与周围环境相互作用的过程中，逐步建构起关于外部世界的知识，从而推动其认知结构的不断发展。

（1）主要观点

①同化与顺应。这两个是儿童与环境相互作用的基本过程。同化是将外部环境提供的信息吸收并融入儿童已有的认知结构（或称为“图式”）的过程，即个体将外界刺激的信息整合到其原有认知结构中。例如，当儿童学会了“狗”这个词后，他们可能会将所有四条腿的动物都称为“狗”，因为这符合他们已有的认知结构。与之相反，顺应是儿童的认知结构在外部环境变化时无法同化新信息而引发的重组和改造过程，即个体的认知结构因外部刺激而发生改变。例如，当儿童学会了区分猫和狗之后，他们必须调整他们的认知框架，以便在新的信息下正确区分这两者。同化扩充了认知结构的数量（即图式的数量），而顺应改变了认知结构的性质（即图式的特性）。

②平衡与认知结构的发展。个体通过同化和顺应这两种形式来实现与周围环境的平衡。当儿童能够使用现有图式来同化新信息时，他们处于认知平衡状态。然而，当现有图式无法同化新信息时，平衡被打破，这促使他们通过修改或创建新的图式（即顺应）来追求新的平衡。儿童的认知结构就是通过同化与顺应过程逐步建构起来，并在“平衡—不平衡—新的平衡”的循环中得到不断的丰富、提高和发展。

③学习的本质。皮亚杰的理论强调学习不仅是被动接收外部信息，还是通过个体的经验和认知活动来构建新的知识结构。建构主义认为儿童应该成为学习的主体，在学习过程中，通过个人经验和主动探索，构建属于自己的知识结构。具体的实践方法包括探究学习、合作学习与反思学习。

探究学习是指儿童通过自主探究和发现，建构自己的知识体系。老师可以提供需要探究的问题和资源，引导儿童进行主动学习和探讨。合作学习是指儿童通过合作学习，交流和分享知识，促进知识建构。老师可以组织小组讨论、合作项目等活动，促进儿童之间的交流与合作。反思学习是指儿童通过反思学习，深入思考所学内容，促进对知识的理解和建构。老师可以提供引导性的反思问题，帮助儿童进行深层次的思考和学习。

皮亚杰认为，儿童的认知发展经历了一系列阶段，每个阶段都有其独特的认知特征和特定的发展任务。这些阶段按年龄分为四个主要阶段，如下表所示。

阶段	特点
感知运动阶段（0～2岁）	在这个阶段，婴儿通过感官和运动活动来认知世界，他们获得了客体永久性。
前运算阶段（2～7岁）	儿童在这个阶段开始使用语言和符号来表达他们的思想。他们仍然以自我为中心，即从自己的角度出发看待事物和进行思考，认为别人的思考和运作方式应该与自己完全一致。
具体运算阶段（7～11岁）	在这个阶段，儿童变得更加逻辑思维，可以进行具体的数学和逻辑操作。他们开始理解逆操作和组合。
形式运算阶段（11岁以上）	这一阶段的儿童能够进行抽象思维和假设推理。他们可以处理更复杂的抽象概念。

（2）教育应用

皮亚杰的理论对教育产生了深远的影响。他认为儿童是积极的学习者，因此教育应该促进他们的主动参与和发现性学习。这表明，教育者应该创造有助于儿童同化和顺应的学习环境。一个实际的教育应用是问题解决式学习。在这种方法中，儿童被鼓励提出问题，探索信息，然后建立自己的理解。这有助于他们在认知发展中迈出关键一步，从前运算阶段向具体运算阶段过渡。另一个教育应用是个性化学习。皮亚杰的理论强调了每个儿童的认知发展独特性。因此，教育者应该尊重每个儿童的发展水平，为他们提供适当挑战的学习机会。

（3）对培训的启发

皮亚杰的认知发展论虽然主要应用于儿童的认知发展，但它也为企业培训领域提供了一些有价值的启示。

①强调个体的积极参与。在企业培训中，培训师应该鼓励学员积极参与学习，而不仅仅是被动接收信息。在培训前，通过项目宣传阐述培训利益点，吸引激发学员兴趣；在培训中，设计互动性强的培训活动，如案例分析、问题解决任务或小组讨论，激发学员的思考和参与；在培训后，通过具有仪式感的项目结营汇报，增强学员的荣誉感，为后续其他项目的开展奠定基础。例如，在管理培训课程中，学员通过模拟管理情境的角色扮演活动，参与并应用所学的管理原则来解决实际问题。

②强调学习的过程。企业培训应该注重学员的思维活动和知识建构，而不是灌输知识。在教学方法中最常用的是讲授法。讲授法是指培训师通过口头语言向学员描绘情境、叙述事实、解释概念、论证原理和阐明规律的教学方法。培训师在运用讲授法的时候要避免填鸭式教学。例如，在讲解关于无人机的课程时会出现大量的专有名词，比如飞控、电调等，那如何把这些专有名词跟学员原本的知识体系建立联系，答案是通过打比方。人体的构造有大脑、四肢等，无人机的飞控（全称飞行控制系统）就像人的大脑一样，把指令传送到无人机的“四肢”，控制无人机起飞、降落、前倾后仰等各种飞行姿态。类比是建立新旧知识之间联系的方式之一，通过类比建立知识跟学员之间的关系。

③适应员工岗位发展阶段。企业培训可以根据员工的岗位发展阶段来设计和实施，需要考虑新员工不同认知水平和需求，提供个性化的支持。例如，对于新员工，培训应该注重基础知识和技能的传授，如公司文化、岗位职责、操作规程等。对于有经验的员工，培训应该注重提高他们的综合素质和创新能力，如项目管理、团队协作、行业前沿动态等。

2. 维果茨基——苏联心理学家，最近发展区

（1）主要观点

①维果茨基认为，人类的高级心理过程是在社会文化历史环境中形成的。这种形成过程通过语言和符号系统实现，强调了社会文化因素在人类认知发展中的重要作用，这一观点在当时心理学领域中具有很大的创新性。

②维果茨基阐述了人类认知过程的本质和机制。他认为，儿童的认知发展是在社会互动和语言交流中实现的，通过内化和外化的过程，不断构建和更新自己的认知结构。他的这一理论为后来的儿童认知发展研究提供了重要的理论基础。

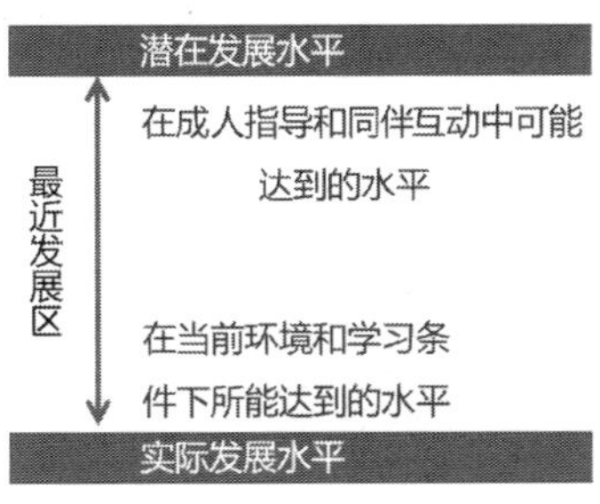

③维果茨基强调了教育和教学的本质是促进儿童的发展，提出了“最近发展区”的概念。他认为，儿童的发展是在与成人和同龄人的交互中不断进步的。他将儿童的发展分为两种水平：实际发展水平和潜在发展水平。实际发展水平是指儿童在当前环境和学习条件下所能达到的水平，而潜在发展水平则是指儿童在成人的指导和同伴互动中可能达到的水平。这两个水平之间的区域就是“最近发展区”。最近发展区实际上是两个相邻发展阶段间的过渡状态，学生在最近发展区内的发展就是将帮助行为变为独立行为的过程。

教育教学的作用在于创造最近发展区，彰显教师的主导地位，明确同伴影响与合作学习对儿童心理发展的重要意义，推动或加速儿童内部的发展过程，为儿童的心理发展创造条件。

最近发展区突出了教学的作用，教学应走在发展前面，着眼于儿童的最近发展区，为儿童提供适当难度的内容，让儿童“跳一跳，够得着”，调动儿童的积极性，发挥其潜能，促使儿童最终跨越最近发展区而达到新的发展水平，然后在此基础上进行下一个发展区的发展。

（2）教育应用

①脚手架教学。通过为儿童提供适当的支持和引导，帮助他们完成超出自己能力范围的任务，从而培养儿童的自主学习和问题解决能力。

步骤	描述
引入	教师通过创设问题情境，激发学生的学习兴趣和好奇心，让他们进入学习状态。
示范	当儿童有意参与问题解决时，教师应先示范正确的问题解决方法，再交由儿童解决。
简化作业	简化问题，使问题的难度对儿童而言不会太难，但也不会太简单而无挑战性。
维持参与	在教学的过程中，教师必须让儿童持续地主动参与思考并解决问题。
给予回馈	教师需要观察儿童的表现，给予适当的支持和反馈。让儿童知道自己思考的方向是否正确。如果不正确，也应让儿童知道自己的解题方式为何不正确。
控制挫折感	如果儿童无法解决问题时，教师应再简化问题，以控制学生的挫折感。

②合作学习。通过小组合作的方式共同完成任务或解决问题。合作学习可以培养学生的团队合作和沟通能力，同时也可以促进学生的认知和社会发展。

步骤	描述
合理分组	教师需要根据儿童的实际情况和任务需求，将儿童分成不同的小组，以便他们能够更好地合作完成任务。
明确任务	教师需要明确合作学习的任务和目标，让儿童清楚自己要完成什么任务以及如何完成任务。
分工合作	小组成员需要根据任务的需求进行分工合作，每个人都承担一定的责任和角色。
交流讨论	小组成员之间需要进行交流和讨论，分享自己的想法和经验，从而达成共识并解决问题。
反馈与评价	教师需要给予儿童及时的反馈和评价，以便他们能够更好地改进自己的学习和表现。

（3）对培训的启发

维果茨基虽然主要研究儿童发展与教育心理，但他的研究成果也为企业培训领域提供了一些有价值的启发。

①融入文化因素。在培训中，企业应注重营造积极的学习氛围和文化环境，促进员工之间的交流和合作，从而打造学习型组织。例如，可以组织定期的团队建设活动、知识分享会、学习社区和知识共享平台等，鼓励员工互相学习和分享经验，促进员工的认知发展；可以通过企业内训师大赛、微课大赛等，以赛促学，鼓励员工在比赛中提升专业能力，促进员工的职业发展。

②导师制的应用。“最近发展区”概念表明，有经验的人可以引导和支持处于潜在发展水平之下的人。在企业培训中，导师可以提供个性化的指导，帮助员工克服困难。例如，经理级可以担任新员工的导师，除了引导员工适应新的工作环境外，还可以提供必要的知识指导、技能指导和职业规划等。

③培训走在发展前面。“最近发展区”概念表明，教学应走在发展前面。在企业培训中，培训也应走在发展前。这里的意思是培训师所交付的课程必须使参训的学员综合水平有所提升。课程中所提出的问题、呈现的案例、实施的教学方法等，对于学员来说，难度不宜过低，也不宜过高，应该在符合学员实际水平的情况下，往上提高一点点，即学员通过学习就能够完成的难度，这样对于学员的挑战性是最佳的。

3. 建构主义对培训教学的启示

其一，建构主义的学生观强调学生是自身知识的建构者。学习是在已有的知识经验、心理结构和信念的基础上去形成知识的意义，实现新旧知识的综合和概括。延伸到培训课堂，培训师已经不再是传统的“课堂讲授者”，而是“学习引导者”。在培训内容的开发上，需要考虑如何与学员的旧知识产生链接，激发学习兴趣，引导学员拓宽知识幅度。

其二，建构主义的教学观强调要充分发挥学习者个体的主观能动性。培训师和学员、学员与学员之间，需要共同针对某些问题进行探索，并在探索的过程中相互交流和质疑。课堂不再以“教师为中心”，而是以“学员为中心”。延伸到培训课堂，培训师在授课的过程中，不能单纯以讲授法将知识灌输给学习者，在整个授课过程中，要求培训师能够用案例分析，小组讨论等各种不同的方法，让学员在头脑中去主动建构知识。在知识的建构过程中，要培养学员分析问题、解决问题和创造性思维的能力。

其三，建构主义的学习观强调情境或环境对学习者理解概念或原理的重要性。因此，在教学活动中，培训师应该尽可能地创造出真实、生动、活泼的教学环境，使学生在学习时能够始终处于积极状态。延伸到培训课堂，培训师在授课的过程中，要设法将学员带入真实的工作场景，比如案例分析法中的案例或角色扮演法中的背景大纲，都可以代入企业或同行业公司真实的情况，对学员有较大的吸引力。

二、成人学习理论：如何针对成人开展培训工作

成人学习理论是一种特殊的教育理论，它综合了成人的生理和心理特点、学习愿望以及学习系统性，为成人培训提供了指导思想。这一理论体系具备独特性，弥补了之前培训模式主要关注儿童和初学者的不足，标志着培训理论研究的一次重大突破。

1. 诺尔斯——美国成人教育学之父

（1）成人教育学的起源

成人教育一直是人类长期关注的焦点，但是成人学习者却是一直被忽视的群体。历史上的教育家，例如，中国古代的孔子和老子，古希腊的亚里士多德、苏格拉底和柏拉图，古罗马的西塞罗和昆体良，他们都是成年人的教育者，而不是儿童的教

育者。因为他们大多数的经历都是与成年人一起，构建了一套与众不同的教育、教学观念。

这些著名的教育家认为学习是一个精神咨询的过程，而不是被动地吸收、传播内容的过程。于是，他们创建了使学习者参与到咨询中的方法技巧。中国古代教育学家和希伯来人创造了现在称之为“案例教学法”的方法，在案例教学当中，小组组长或某一组员通常用比喻方式描述一种情形，然后与组员们一起探究其特点及可行的解决方案。希腊教育学家则创造了现在所称的“苏格拉底式对话”，在这种教学中，小组组长或某一组员提出问题或疑惑，其余组员则运用发散思维并结合自身经验寻求答案或解决方法。罗马教育家更具挑战性精神，他们运用质疑模式迫使组员陈述观点立场，并进行辩论。

（2）传统教育学关于学习者的假说

①学习的必要性。学习者仅需知道，如果他们想通过考试并取得进步，他们就必须学习教师所教的知识。他们无须了解如何将所学的知识应用到生活中。

②学习者的自我概念。教师对学习者的概念是一种依赖型人格概念。因此，最终学习者的自我概念变成了一种依赖型人格概念。

③经验的角色。学习者的经验对于学习来说没有什么价值，学习过程中所依赖的经验来自教师、课本的编著及视听辅助设备的制作者。因此，移植法（如演讲、指定阅读等）是传统教育学方法论的主要方法。

④学习意愿。如果想通过考试并取得进步，学习者必须为学习教师传授给他们的必要知识而产生被动的意愿。

⑤学习方向。学习者的学习方向以学科为中心，他们把学习当作习得学科的内容。因此，学习经验根据学科内容的逻辑形成。

⑥动机。学习者的学习动机为外部动机（如成绩、教师的赞扬或批评、父母施加的压力）。

（3）成人学习的四个法则

成人学习理论认为，成人比儿童具有更多的经验和更强的学习能力，能够更好地理解新鲜事物及掌握它们的认知结构。成人学习是认知结构组织与再组织，而教师的教学活动对成人的学习效果和学习成绩有重要的影响。成人学习应遵从以下四个法则。

①效果法则。他们的学习需要在愉快的环境和氛围中进行。

②练习法则。他们的学习需要通过大量的练习来加深印象。

③联想法则。理论联系实际有利于成人对认知对象的掌握。

④有备法则。他们往往是在有需求的时候才选择学习，有一定的目的性。

2. 成人学习理论对培训的启示

（1）强调学习者的自主性和经验性

培训师应该尊重学员的自主性，明确传达学习的必要性，使学员了解到培训将如何提高他们的工作效率和质量，鼓励他们参与学习决策和目标制定的过程。培训活动应该提供丰富的实践机会，让学员通过解决实际问题来获得知识和技能。此外，培训师应该充分利用学员的丰富经验，将其纳入学习过程中，以促进知识的建构和意义的理解。

（2）注重问题中心的学习

培训师应该设计具有挑战性和现实意义的问题，引导学员主动思考和解决问题。培训课程应该提供实际情境和案例分析，让学员能够将所学知识应用到实践中。这样的学习方式能够增强学员的参与度和动力，提高培训的实效性和可持续性。

（3）强调经验中心的学习

培训师应该充分利用学员的生活经验，将其与新的学习内容相结合。通过反思和分享经验，学员能够更好地理解和应用所学知识，增强学习的深度和个性化。培训师可以鼓励学员之间的互动和交流，通过共享经验和观点来促进学习效果。

（4）促进合作和互动

培训师应该创造积极的学习氛围，鼓励学员之间的互动和合作。合作学习可以通过小组讨论、案例研究、角色扮演等形式来实施。学员之间的互动可以促进知识共享和协同学习，增强学习效果和成果的可持续性。